발명왕들의 기발한
발명 이야기

교과연계
3학년 1학기 1단원 과학자는 어떻게 탐구할까요? | 2단원 물질의 성질 | 4단원 자석의 이용 | 5단원 지구의 모습
3학년 2학기 3단원 액체와 기체 | 4단원 소리의 성질
4학년 1학기 4단원 물체의 무게 | 5단원 혼합물의 분리
4학년 2학기 2단원 물의 상태 변화 | 3단원 거울과 그림자 | 4단원 지구와 달
5학년 1학기 1단원 온도와 열 | 2단원 태양계와 별 | 4단원 용해와 용액
5학년 2학기 1단원 날씨와 우리 생활 | 2단원 산과 염기 | 3단원 물체의 빠르기
6학년 1학기 1단원 지구와 달의 운동 | 3단원 렌즈의 이용 | 4단원 여러 가지 기체
6학년 2학기 2단원 전기의 작용 | 4단원 연소와 소화

진짜진짜 공부돼요 14

발명왕들의 기발한 발명 이야기

2018년 8월 30일 초판 1쇄
2022년 3월 15일 초판 4쇄

글·그림 백명식
펴낸이 김숙분 디자인 김은혜·김바라 영업·마케팅 이동호
펴낸 곳 (주)도서출판 가문비 출판등록 제 300-2005-60호
주소 (06732) 서울시 서초구 서운로19, 1711호(서초동 서초월드)
전화 02)587-4244~5 팩스 02)587-4246 이메일 gamoonbee21@naver.com
홈페이지 www.gamoonbee.com 블로그 blog.naver.com/gamoonbee21/
제조국 대한민국 사용 연령 8세 이상
주의사항 종이에 베이거나 긁히지 않게 조심하세요.

ISBN 978-89-6902-183-0 73400

ⓒ 2018 백명식

- 책값은 뒤표지에 있습니다.
- 잘못된 책은 구입하신 곳에서 바꾸어 드립니다.
- 이 책의 내용과 그림은 저자와 출판사의 허락 없이 사용할 수 없습니다.

진짜진짜 공부돼요 14

발명왕들의 기발한
발명 이야기

가문비어린이

차례

1. 간편하게 먹는 샌드위치 ······ 8
2. 구멍 뚫린 주전자 뚜껑 ······ 10
3. 오돌토돌 고무장갑 ······ 12
4. 톡톡톡 바느질 바늘 ······ 14
5. 그림자 시계, 해시계 ······ 16
6. 어디 아픈가요? 청진기 ······ 18
7. 꼬불꼬불 라면 ······ 20
8. 대머리 아저씨의 구세주, 가발 ······ 22
9. 간편하게 묶는 지퍼 ······ 24
10. 콕 찍어 먹는 포크 ······ 26
11. 비올 때 우산 ······ 28
12. 마법의 음료 코카콜라 ······ 30
13. 싹둑싹둑 가위 ······ 32
14. 따끈따끈 보온병 ······ 33
15. 이가 없을 때는 틀니 ······ 34
16. 살살 녹는 아이스크림 ······ 36
17. 돌돌돌 세탁기 ······ 38
18. 머리 아플 때는 아스피린 ······ 40
19. 쭉쭉 빵빵 다리미 ······ 42
20. 탈탈 먼지 제거 진공청소기 ······ 44
21. 달고 단 인공 감미료 ······ 46
22. 일정한 시간은 모래시계 ······ 48
23. 편리한 자물쇠 ······ 50
24. 한 번에 쫙 수세식 변기 ······ 52

25. 번개 잡이 피뢰침 ······ 54
26. 떨어질 때 천천히, 낙하산 ······ 56
27. 만지면 보이는 점자 ······ 58
28. 두 바퀴로 달리는 자전거 ······ 60
29. 풍선에 기관을 달아라, 비행선 ······ 62
30. 움직이는 사진, 텔레비전 ······ 64
31. 생각하는 기계 컴퓨터 ······ 66
32. 간단하게 불을, 성냥 ······ 68
33. 기록을 간편하게, 자기기록 ······ 70
34. 흑백을 컬러로, 컬러 사진 ······ 72
35. 비를 마음대로, 인공 강우 ······ 74
36. 태양을 에너지로, 태양전지 ······ 77
37. 빛을 더 밝게 형광등 ······ 78
38. 제3의 금속, 플라스틱 ······ 80
39. 최초의 항생제, 페니실린 ······ 83
40. 천연두의 강적, 종두법 ······ 84
41. 몸속을 관찰하는 내시경 ······ 86
42. 여보세요? 전화기 ······ 88
43. 선 없이도 전달되는 무선 전신 ······ 90
44. 위치 파악 레이더 ······ 92
45. 물속을 마음대로, 잠수함 ······ 94
46. 줄기차게 쓰는 연필 ······ 96
47. 편리한 글쓰기, 볼펜 ······ 98
48. 오늘의 날씨, 온도계 ······ 100
49. 연기가 쑥쑥, 굴뚝 ······ 102
50. 마음대로 딴딴, 시멘트 ······ 104

51. 질기고 가벼운 나일론 106
52. 숫자가 있어 편리해, 아라비아 숫자 108
53. 방향을 정확하게, 나침반 110
54. 가장 오래된 무기, 활 112
55. 지식을 널리 널리, 인쇄술 114
56. 세상을 밝히는 불, 전구 116
57. 쓱쓱 기록하기, 종이 119
58. 정확한 무게를, 저울 120
59. 정확하게 길이를, 자 123
60. 멀리 있는 것도 가깝게, 망원경 124
61. 옷매무새를 단정하게, 단추 126
62. 있는 그대로 보내기, 팩시밀리 128
63. 고통을 없애자, 마취제 130
64. 빵을 간단하고 쉽게 굽자, 토스터 132
65. 일자보다는 십자로, 십자나사못 134
66. 지우면서 쓰기, 지우개 달린 연필 136
67. 상처 감싸기, 밴드 반창고 138
68. 빨아 마시기 쉬운 빨대 140
69. 한 번만 쓰기, 일회용 컵 142
70. 바퀴에 탄력을, 공기타이어 144
71. 안전하게 면도를, 안전면도기 146
72. 편리하고 간단한 가방, 쇼핑백 149
73. 옷 만들기, 재봉틀 150
74. 마개를 손쉽게, 코르크 마개뽑이 152
75. 오래오래 상하지 않게, 통조림 154
76. 잔디 쉽게 깎기, 잔디 깎기 기계 156

77. 쭉쭉 늘어나는 고무밴드 158
78. 물에서 안전하게, 구명조끼 160
79. 벌레는 사절, 방충망 162
80. 소리를 크게, 마이크 164
81. 음식을 오래오래, 냉장고 166
82. 설거지는 식기세척기 168
83. 땀이 쏙 선풍기 171
84. 몸속 관찰, X선 172
85. 노벨의 역사, 다이너마이트 174
86. 안 들리는 소리는 보청기 176
87. 여름을 시원하게, 에어컨 178
88. 옷 정리는 옷걸이 180
89. 비 오는 날 와이퍼 182
90. 알록달록 크레용 185
91. 손목에 시계를, 손목시계 186
92. 멋도 부리고 눈부심도 방지하는 선글라스 188
93. 이를 깨끗하게, 칫솔 190
94. 심장을 살리는 심장박동기 192
95. 상품의 이름표, 바코드 194
96. 파리 꼼짝 마! 파리채 196
97. 간단 표시, 포스트잇 198
98. 언제 어디서나 인터넷 200
99. 꼼짝 마라! DNA 지문분석 202
100. 항상 청결하게, 화장지 204

이 책을 읽는 어린이들에게 206

1. 간편하게 먹는 샌드위치

영국의 샌드위치가의 4대 백작인 존 몬테규 샌드위치 백작은 언제부턴가 카드놀이에 흠뻑 빠져 있었어요. 심지어 식사 시간까지 아끼며 카드놀이를 했어요.

결국 샌드위치 백작은 몸이 쇠약해질 대로 쇠약해졌어요.

하인은 궁여지책으로 고기와 야채를 버무려 빵 조각 사이에 끼워 넣었어요. 그러고는 카드놀이에 빠져 있는 백작의 손에 쥐어 주었어요.

백작은 무심코 받아 들고 한입 먹었어요. 그런데 기가 막히게 맛있었어요.

무엇보다 카드놀이를 하면서도 간편하게 먹을 수 있어 너무 좋았어요.

샌드위치 백작은 이제는 식사를 거르지 않아도 되었어요.

백작이 맛있게 먹는 모습을 보고 옆에 있던 사람들도 그 빵을 먹기 시작했어요.

점차 입소문이 나기 시작했고, 빵은 이름을 갖게 되었어요.

바로 샌드위치 백작의 이름을 따서 '샌드위치'라고 불리게 되었답니다.

2. 구멍 뚫린 주전자 뚜껑

 어느 날, 일본에서 살고 있던 평범한 회사원 후쿠이에가 감기에 걸렸어요.
 방 안이 건조해서 후쿠이에는 화로에 주전자를 올려놓고는, 머리를 싸맨 채 끙끙 앓았어요.
 주전자가 뚜껑을 들썩이며 수증기를 뿜어냈어요.
 덕분에 방 안이 따뜻해지고 습도도 알맞게 조절되었어요.
 그런데 뚜껑이 요란하게 들썩이더니 물이 넘치기 시작했어요.
 "아휴, 어쩌지?"
 몸은 아픈데 난감했어요. 그때 송곳이 눈에 띄었어요.
 후쿠이에는 지체 없이 송곳으로 주전자 뚜껑에 구멍을 냈어요.

 뚜껑은 더 이상 들썩이지 않았어요. 그리고 구멍으로 수증기가 적당하게 뿜어져 나왔어요.
 조용해지자, 후쿠이에는 곧 깊은 잠에 빠져 들었어요.
 한참을 자고 난 후 일어

나 보니 주전자의 물은 여전히 소리 없이 끓고 있었어요. 물론 방 안의 습기도 적당하게 유지되고 있었지요.

'바로 이거야. 주전자 뚜껑에 구멍을 내면 물이 넘치지도 않고 여러 가지로 편리해져.'

후쿠이에는 그 길로 특허청에 가 '구멍 뚫린 주전자 뚜껑'의 특허를 신청했어요.

후쿠이에는 여러 회사와 로열티 계약을 맺었어요.

시간이 갈수록 수입이 늘어났어요.

후쿠이에는 송곳 하나로 엄청난 부자가 되었답니다.

주전자 뚜껑이 들썩거린 이유

주전자에 물을 넣어 끓이면 수증기가 발생하여 공기 중에 흩어지는 것을 볼 수 있어요. 이를 포화 증기라고 해요. 이것은 수증기가 상대적으로 온도가 낮은 공기와 만나면서 작은 물방울 형태로 변해 위로 올라가기 때문이에요.

3. 오돌토돌 고무장갑

엄마가 설거지 할 때 끼는 고무장갑을 자세히 보세요.
손바닥 부분이 오돌토돌하지요.
오돌토돌 고무장갑은 작은 철공소를 경영하던 일본인 이다야 이와오의 아이디어로 만들어졌어요.
어느 날, 이다야 이와오는 아내가 설거지를 할 때 고무장갑이 미끄러워 그만 그릇을 떨어뜨리고 안타까워하는 것을 보았어요.
'표면이 오돌토돌한 고무장갑을 끼면 그릇이 미끄러지지 않을 거야.'
그는 아내를 위해 오돌토돌한 고무장갑을 찾아보았어요. 하지만 시중에는 나와 있지 않았어요.
그는 즉시 특허를 내고 오돌토돌 고무장갑을 만들었어요.
오돌토돌 고무장갑은 나오자마자 날개돋인 듯 팔려 나갔어요.
이다야 이와오가 만든 고무장갑은 여

러 사람에 의해 다양한 용도의 상품으로 다시 개발되었어요.

열이 나는 환자의 머리에 얹는 얼음주머니를 오돌토돌하게.

신문이나 돈을 셀 때 쓰는 고무골무도 오돌토돌하게.

이다야 이와오는 오돌토돌 고무장갑 덕에 엄청난 부자가 되었답니다.

고무장갑이 미끄러지지 않는 이유

고무장갑 표면이 오돌토돌하면 마찰력이 크기 때문에 잘 미끄러지지 않아요.

마찰력이란 물체가 어떤 면에 닿아 움직이려 할 때 그 물체의 움직임을 방해하는 힘이에요.

4. 톡톡톡 바느질 바늘

원시시대에는 돌과 뼈로 구멍이 없는 송곳 모양의 바늘을 만들어 썼어요. 일일이 가죽과 천에 구멍을 뚫어 끈을 통과시켜 옷을 만드느라 몹시 불편했어요.

크로마뇽인들*은 송곳의 한쪽 끝에 실이 통과할 수 있는 바늘귀를 뚫었어요. 여인들은 늑대, 순록, 북극여우 같은 다양한 짐승의 털과 가죽으로 옷을 만들었어요. 옷은 급격히 변화하는 환경에서 동상이나 저체온증의 위험을 줄여 주었어요. 바느질이야말로 인류의 최첨단 기술이에요.

한참 세월이 지난 후 청동기시대에는 청동으로, 더 세월이 지나 철기시대에는 놋쇠나 철 혹은 은으로 바늘을 만들었어요.

철로 만든 바늘은 날카롭고 단단해서 두꺼운 가죽 옷도 쉽게 꿰맬 수 있었어요.

★ 크로마뇽인: 1868년 프랑스 도르도뉴 지방에 있는 크로마뇽 동굴에서 발견된 최초의 현생 인류. 약 4만 년 전에서부터 1만 년 전의 것으로 170cm 정도의 큰 키와 넓은 얼굴, 깊숙한 눈, 머리뼈의 특징으로 보아 지금의 유럽인의 조상으로 여겨진다.

5. 그림자 시계, 해시계

해가 뜨는 날에는 누구나 쉽게 해시계를 만들 수 있어요. 땅에 똑바로 막대기를 세워 놓은 다음 그림자를 보면 대충 시간을 알 수 있으니까요.

해시계는 가장 오래된 시계예요. 원시시대에는 나무의 그림자를 보고 대략 시간을 짐작했어요.

최초의 해시계는 기원전 800년경 이집트에서 만들어졌어요.

돌덩어리 위에 막대기를 세운 다음 돌 표면에 눈금을 여섯 개 새겨 만들었어요. 사람들은 눈금을 보고 시간을 가늠했어요.

그 후 그리스에서 하루의 매시간을 표시한 해시계를 만들었어요.

해시계는 르네상스 시대까지 시간을 알려 주는 유일한 도구였어요.

6. 어디 아픈가요? 청진기

몸이 아파 병원에 가면 하얀 가운을 입고 목에 청진기를 걸고 있는 의사 선생님을 만날 수 있어요.

의사 선생님은 환자의 가슴에 청진기를 대고 진찰을 해요.

청진기는 환자를 진찰하는데 가장 기본이 되는 의료기예요.

청진기를 처음 만든 사람은 프랑스의 르네 라에네크입니다.

지금으로부터 200여 년 전인 1816년, 병리학자인 라에네크는 공원에서 나무 막대기를 가지고 노는 아이들을 보게 되었어요.

아이들이 막대기를 서로의 귀에 대고 말을 하며 즐겁게 웃고 있었어요.

이 광경을 보니 라에네크는 문득 좋은 생각이 떠올랐어요.

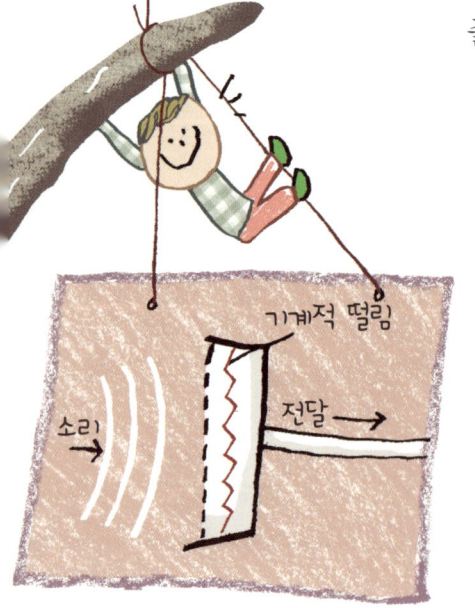

통으로 만든 최초의 청진기

"그렇지. 저렇게 하면 심장 소리를 들을 수 있을 거야."

라에네크는 병원으로 돌아와 종이를 말아 실험을 시작했어요.

여러 번의 실험을 통해 마침내 최초의 청진기가 만들어졌어요.

라에네크는 두근거리는 가슴을 진정시키며 환자의 가슴에 종이 청진기를 대고 진찰을 시작했어요.

'쿵쿵쿵.'

청진기를 통해 심장 소리가 크게 들렸어요.

청진기를 이용한 최초의 진찰이었어요.

라에네크는 그 후 나무통을 이용해 '르바통'이라 불리게 되는 청진기를 만들었어요.

나무통으로 만든 청진기는 종이 청진기보다 성능이 우수하고 더 오래갔어요.

7. 꼬불꼬불 라면

언제 어디서나 맛있게 먹을 수 있는 라면은 누구나 좋아하는 음식이에요.

라면은 1958년 일본 닛신 식품회사의 회장 안도 모모후쿠가 개발했어요.

당시 일본은 제2차 세계대전의 패배로 식량난을 겪고 있었어요.

미국에서 주는 빵으로 허기를 채우던 사람들은 쌀을 주식으로 하던 습관 때문에 고생이 이만저만 아니었어요. 안도 모모후쿠는 술집에서 안주로 나오는 튀김을 보고 생각했어요.

'기름을 이용하면 일본인들의 입맛에 맞는 음식을 만들

라면 제조 과정

배합
밀가루와 여러 가지를 합쳐 반죽을 해요.

제면
반죽된 것을 롤러로 눌러 얇게 만들고, 면발을 만들어요.

증숙
꼬불꼬불한 면을 익혀줘요.

유탕
기름에 라면을 튀겨요.

냉각
위생적이고 자동화된 설비로 이동해 식혀줘요.

포장
스프를 함께 포장해요 드디어 완제품 라면이 되었어요.

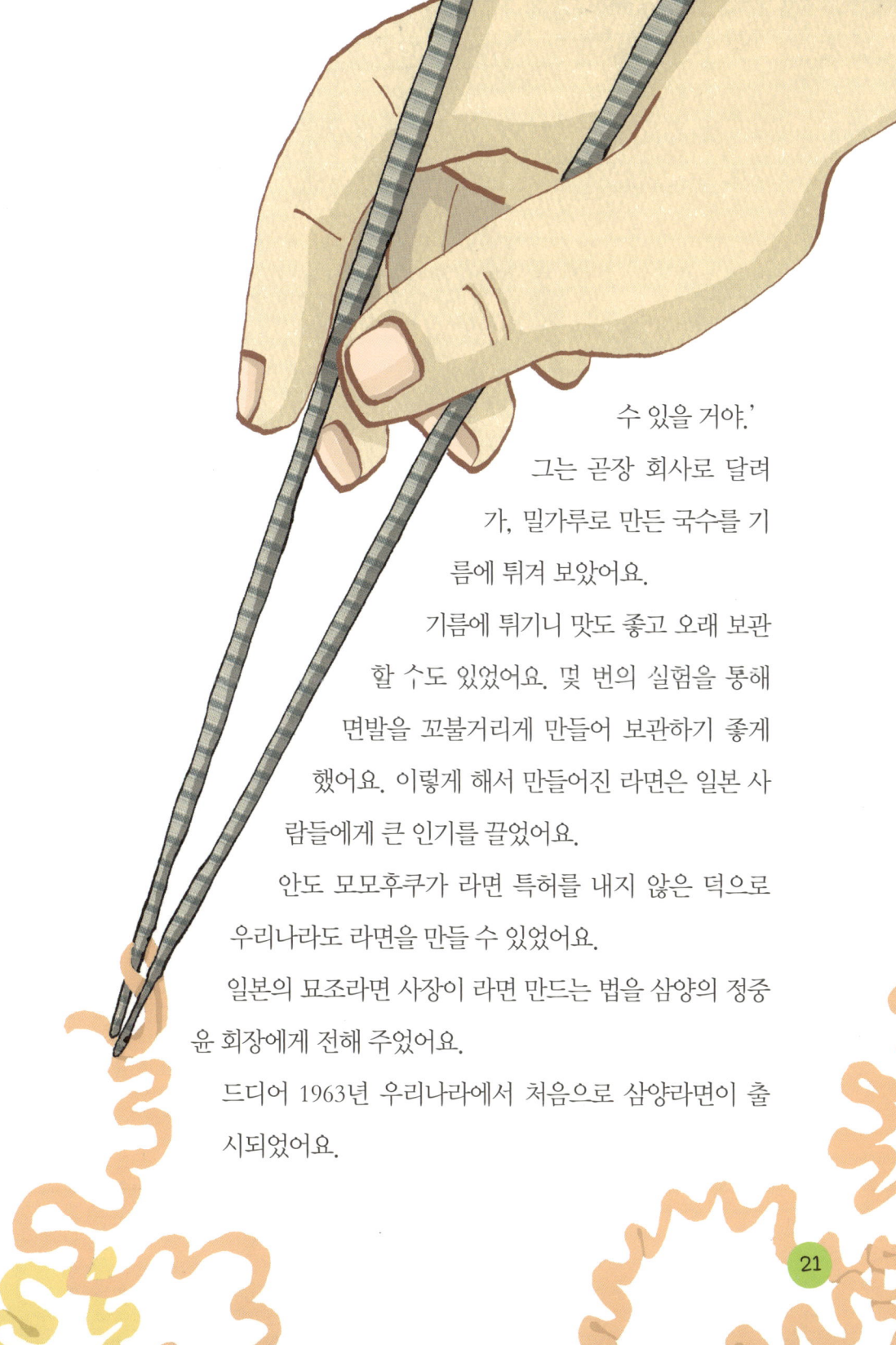

수 있을 거야.'
그는 곧장 회사로 달려가, 밀가루로 만든 국수를 기름에 튀겨 보았어요.
기름에 튀기니 맛도 좋고 오래 보관할 수도 있었어요. 몇 번의 실험을 통해 면발을 꼬불거리게 만들어 보관하기 좋게 했어요. 이렇게 해서 만들어진 라면은 일본 사람들에게 큰 인기를 끌었어요.
안도 모모후쿠가 라면 특허를 내지 않은 덕으로 우리나라도 라면을 만들 수 있었어요.
일본의 묘조라면 사장이 라면 만드는 법을 삼양의 정중윤 회장에게 전해 주었어요.
드디어 1963년 우리나라에서 처음으로 삼양라면이 출시되었어요.

8. 대머리 아저씨의 구세주, 가발

고대 이집트 사람들은 삭발을 했어요. 삭발을 하면 이도 생기지 않고 머리를 손질하지 않아도 되어 편했기 때문이에요.

그때부터 가발이 사용되었어요.

가발은 대개 밀랍으로 굳혀 만든 것이 많았는데, 종려나무 잎의 섬유 등으로 만들기도 했어요.

주로 검은색을 많이 썼지만 빨강, 파랑, 초록 등 여러 가지 색깔을 입혀 사용했고, 곱슬거리게 만들기도 했어요.

가발은 남녀가 모두 사용했는데 지위를 상징하기도 했지요.

17세기 초에는 프랑스 궁전에서도 가발이 유행되어 부분가발이나 붙임가발을 쓰고 다녔어요.

우리나라의 가발

여인들이 다리(머리숱이 많아 보이게 하려고 넣는 딴머리)를 달아 쪽을 진 것이 가발의 시초예요.

신라 성덕왕과 경문왕이 당나라에 다리를 예물로 보냈다는 기록이 있어요.

고구려 벽화에 등장하는 여인들의 머리도 다리를 얹은머리예요.

조선시대에는 머리 모양을 크게 꾸미는 것이 유행이어서 다리 값이 상당히 비쌌다고 해요. 우리나라에서는 1960년대부터 가발 공업이 발달되었고 호황을 누리기도 했어요.

가발의 구조

• 가발은 부착 형태에 따라 모양이 달라져요.

클립식의 경우 가모와 내피, 클립(똑딱이)으로 구성되어 있어요. 고정식은 약품으로 접착하기 때문에 고정시키는 핀이 없어요.

• 바람이 잘 통할 수 있게 망으로 되어 있어요.

사람의 머리처럼 가르마를 가지고 있는데 맞춤식 가발의 경우 자신에게 맞는 모양으로 만들어 사용해요.

9. 간편하게 묶는 지퍼

지퍼를 발명한 사람은 미국의 휘트콤 저드슨이에요.

그는 몸이 뚱뚱해 신발 끈을 매기가 힘들었어요.

이런 불편함이 싫었던 저드슨은 회사까지 그만두고 연구를 시작해, 마침내 19년 만에 지퍼를 만들어냈어요.

하지만 이 지퍼는 워낙 투박하고 헐거워 옷이나 신발에 사용하기가 어려웠어요.

워커라는 군인이 상품화에 실패한 이 지퍼를 샀지만, 지퍼를 만드는 기계를 사겠다는 사람은 없었어요.

1912년 부르클린이라는 양복점 주인이 이 기계를 샀어요. 그는 지퍼를 만들어 해군복에 붙여 군대에 팔았어요.

지퍼로 만들어진 제품들은 매우 실용적이고 편리하여 군인들에게 인기가 높았어요. 10년 뒤인 1923년, BF 굿리치라는 회사가 신발을 만들면서 부츠 이름에 '지퍼'라는 이름을 처음 붙였어요. '지퍼'가 널리 보급되면서 신발이 아닌 잠금장치만 따로 지퍼라고 불리게 되었어요.

> 지퍼는 바지, 치마, 점퍼, 주머니, 지갑 가방 등에 널리 쓰여.

지퍼의 명칭

이빨: 슬라이더를 당길 때 맞물리는 금속

슬라이더: 지퍼에 달린 두 줄의 이를 합치거나 분리시켜요.

손잡이: 슬라이드를 움직일 때 사용하는 금속

테이프: 이가 붙어 있는 천

아래 멈춤: 지퍼 맨 아래 끝에서 슬라이더를 멈추게 하는 금속

지퍼는 실용적이고 매우 편리해.

10. 콕 찍어 먹는 포크

고대 은나라 유적에서 뼈로 만든 포크가 발견되었어요.

그러므로 포크는 서양보다 동양에서 먼저 사용했다는 것을 알 수 있어요.

그런데 이 포크는 음식을 먹을 때 사용한 것이 아니라 끓인 물에 익힌 고기를 꺼낼 때 사용하던 도구였어요.

물론 서양에서 최초로 발견된 포크도 고기를 꺼낼 때 화상 입는 것을 막기 위해 사용했던 도구였어요.

포크가 사용되기 전, 사람들은 마땅한 식사도구가 없어 손가락으로 먹든가, 큰 스푼 한 개를 가지고 돌려가면서 먹든가 했어요.

조리 도구였던 포크는 점점 그 크기가 작아져 마침내 4세기경 비잔티움에서 음식을 먹을 때도 사용하기 시작했어요.

포크가 본격적으로 음식을 먹을 때 사용된 건 16세기 이탈리아의 상류층 사회에서였어요.

포크를 사용하니 사치스러운 옷에 음식물이 묻지 않아 참 좋았지요. 포크의 형태는 처음에는 2개의 날에서 나중에는 3~4개의 날로 바뀌었어요.

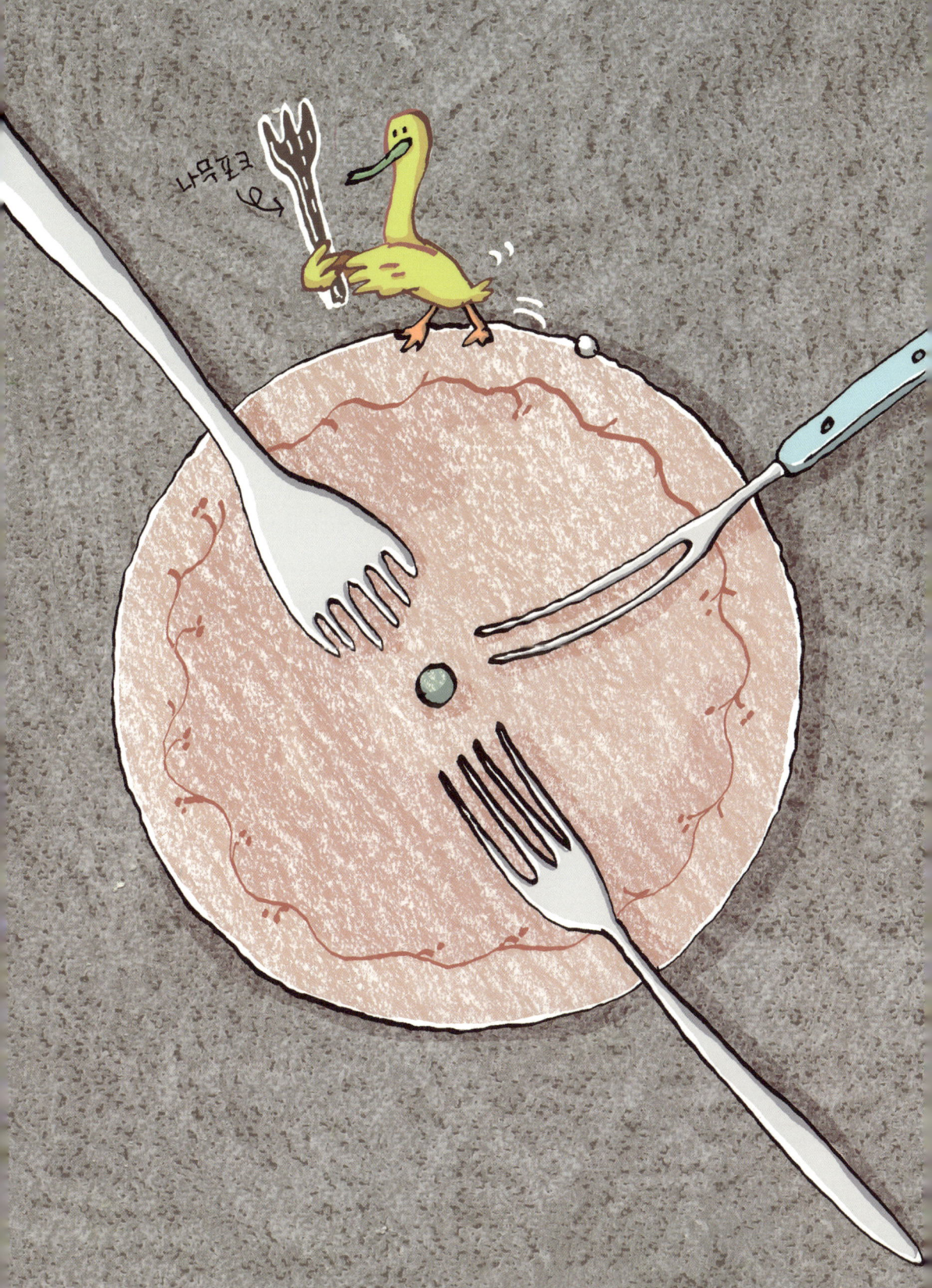

11. 비 올 때 우산

우산이 언제부터 생겼는지는 정확하게 알 수 없어요.

기원전 11세기부터 중국에서 지위의 상징으로 우산을 사용했다는 기록이 있어요.

대나무로 살대를 만든 다음 가죽이나 깃털로 덮은 형태였어요.

명 왕조 때에는 천이나 실크로 만든 우산을 사용했고, 지위가 낮은 백성들은 종이로 만든 우산을 썼어요.

기원전 1,200년 이집트에서는 귀족들만 사용하는 귀한 물건이었는데, 반대로 그리스나 로마에서는 나약한 사람들이 쓰는 것으로 여겨져 비가 와도 쓰지 않았대요.

기름종이로 만든 갈모

짚으로 만든 도롱이

햇볕을 막아주는 양산이에요.

현재 쓰이고 있는 우산은 영국의 무역업자 조나스 한웨이가 발명한 것으로 전해지고 있어요.

우산과 양산의 차이

우산은 비를 막아야 하기 때문에 방수용 천으로 만들고 살의 길이도 길게 해요.

양산은 햇빛을 막기 위한 것이므로 방수용 천을 쓰지 않아요. 그리고 우산보다도 크기도 작게 만들어요. 주로 마직을 많이 사용하고, 여성들이 사용하기 때문에 빛깔을 화려하게 하고 장식도 붙여요.

우리나라의 우산의 역사

우리나라에서는 우산보다는 삿갓이나 도롱이, 갈옷, 갈모 등을 입고 비를 막았어요. 왕족이나 귀족은 햇빛을 피하기 위해서도 사용했어요.

농사를 짓는 일반 백성들은 우산을 사용하지 않았어요. 비를 피하는 것은 하늘의 뜻을 거역하는 것이라고 생각했기 때문이에요. 종이에 들기름을 발라 만든 지우산은 값이 싸고 가볍지만 바람에 잘 견디지 못해요.

비닐우산은 물도 새지 않고 질겨 지우산보다 오래 쓸 수 있으므로 오늘날까지 널리 사용되고 있어요.

대나무로 만든 삿갓

12. 마법의 음료 코카콜라

세계적인 음료인 코카콜라를 탄생시킨 사람은 누구일까요?

1886년 약제사인 존 펨버튼은 코카 잎과 콜라 열매, 그리고 설탕시럽 등을 혼합해서 두뇌 강장 작용을 하는 음료를 개발해 애틀란타에 있는 야콥 약국에 납품했어요.

이후 그는 알코올 대신 탄산수를 넣었는데, 이 검은 액체를 펨버튼의 경리직원이었던 프랭크 M 로빈슨이 '코카콜라'라고 이름을 붙였어요. 그리고 그는 지금까지 남아 있는 독특한 모양의 코카콜라 로고도 디자인했어요.

펨버튼이 죽자 아서 캔들러가 2,300달러를 주고 코카콜라 상표

구연산, 카페인, 설탕 바닐라, 캐러멜, 물

와 사업권을 샀어요.

무료 시음권과 쿠폰을 나누어 주는 등 적극적인 마케팅 덕분에 1895년, 그는 드디어 LA에 공장을 세우게 됐어요.

코카콜라 제조법

코카 유동액, 구연산, 카페인, 설탕, 물, 라임주스, 바닐라, 캐러멜 등 여러 가지로 제조한다고 해요. 하지만 '머천다이즈 7X'라는 비밀스러운 재료가 빠지면 코카콜라의 완벽한 맛을 못 만들어 낸다고 합니다. 이 재료에 대해 아는 사람은 전 세계에서 단 두 사람밖에 없대요. 코카콜라의 완벽한 제조법은 지금까지 비밀로 지켜지고 있답니다.

특이한 병 모양

1913년 루트 유리회사의 기술자인 알렉산더 사무엘슨과 얼알 딘이 코코아 열매를 보고 만들었어요. 이후 손으로 잡기 편하게 병 모양을 오목하게 만들어 여성의 신체 곡선과 같은 형태로 되었어요.

13. 싹둑싹둑 가위

　세상에서 가장 오래된 가위는, 기원전 100년경의 무덤에서 나왔어요. 철로 만든 가위인데, 남자의 무덤에서 나온 것으로 보아 주로 양털을 깎거나 수염을 깎는 데 사용했던 것 같아요. 로마 시대 때 가위는 날이 짧고 튼튼한 것으로 보아 철사나 얇은 철판 등을 자르는 데 사용되었던 거 같아요. 우리나라에서는 경주 분황사 석탑에서 발견된 것이 가장 오래된 가위예요. 모양이나 쓰임새는 중국 것과 비슷해요. 가위는 서양에서 처음 만들어져 중국으로 건너가 우리나라로 전해졌어요.

14. 따끈따끈 보온병

　보온병은 추운 지방에 사는 에스키모의 얼음집과 같은 원리를 이용해 만들어졌어요.

　1881년 바인홀트가 처음 생각해 낸 것을 1890년 듀어가 개량하여 만들었어요.

　발명가인 듀어의 이름을 따 '듀어 병'이라고 부르기도 해요.

　얼음집은 얼음으로 둘러싸여 있지만 보온병은 안이 이중 유리로 만들어져 온도를 유지하는데 도움이 되지요.

　하지만 안이 유리로 되어 있어 깨지기 쉬운 단점이 있어요.

　가지고 다닐 때는 보호 가방 안에 넣고 다녀야 안전해요.

보온병 구조

마개: 병안의 열이 빠져 나가지 못하게 이동으로 되어 있어요.

진공 공간: 공기가 없어 열이 빠져 나가지 않아요.

은으로 도금된 벽면: 벽면이 은으로 되어 있어 열을 반사시켜요.

유리로 만든 이중벽: 열전도가 잘 되지 않는 유리로 만들었어요.

받침

15. 이가 없을 때는 틀니

이가 없으면 맛있는 음식을 보아도 먹을 수 없어 침만 흘리겠지요?

인류는 언제부터 틀니를 사용했을까요?

기원전 1,000년쯤에 페니키아 사람들이 착용했다고 해요.

다른 사람에게서 뺀 이를 4개의 금줄로 연결해 양쪽 송곳니에 고정시켰대요.

기원전 800년쯤에는 에트루리아 사람들이 상아로 틀니를 만들어 사용했고, 기원전 600년경에는 마야 사람들이 장식용으로 틀니를 끼고 다녔어요.

16세기 영국의 엘리자베스 1세는 항상 틀니를 끼고 다녀 틀니의 여왕으로 유명했어요.

역사적 기록을 보면 틀니는 사람의 이는 물론이고 상아나 조개껍질로도 만들어 착용했어요.

1774년 프랑스의 약사 알렉시 뒤샤토는 자신이 착용하고

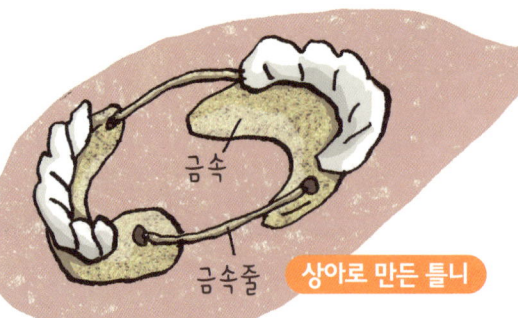

있는 틀니가 마음에 들지 않았어요. 그래서 친구인 치과의사 드세망과 함께 틀니를 제작했어요.

뒤사토는 아이디어를 내고 드세망은 틀니를 완성했어요.

영국으로 이주를 한 드세망은 1791년에 광물성 페이스트로 새로운 틀니를 만들어 특허를 받았어요. 드세망은 영국 웨지우드 회사의 도움으로 1800년대 초까지 틀니를 생산했어요.

그 후 점차 틀니의 구조나 재료 등이 개량되었어요.

16. 살살 녹는 아이스크림

시원한 아이스크림은 누구나 좋아하지요.

아이스크림은 기원전 3,000년경에 중국에서 눈이나 얼음에 과일이나 꿀을 넣어 먹으면서 시작되었어요.

1929년 마르코폴로는 언 우유 배합법을 중국의 원나라에서 이탈리아로 가져왔어요. 그러다가 16세기 초 냉동 기술이 발달하면서 아이스크림의 전성기를 맞이하게 되었어요. 아이스크림이 많은 사람들로부터 사랑받게 된 것은 미국의 오거스터스 잭슨이 개발한 아이스크림 조리법 덕분이에요. 1842년에는 뉴잉글랜드의 낸시 존슨이라는 주부가 아이스크림 제조기를 발명했어요.

드디어 1851년엔 미국 볼티모어에 최초의 아이스크림 공장이 세워졌어요. 대표적인 아이스크림 회사로는 28가지의 맛을 개발한 하워드 존슨과 31가지의 맛을 만들어낸 배스킨 라빈스가 있어요.

이제는 여러 가지 맛의 아이스크림을 계절에 관계없이 즐겨먹을 수 있게 되었어요.

콘 아이스크림의 원조

1904년 세계대박람회에서 와플 장수와 아이스크림 장수가 공동으로 콘 아이스크림을 만들어 팔았어요. 이것이 콘 아이스크림의 시초가 되었어요.

우유로 만든 아이스크림을 처음 먹어본 사람은?

영국 국왕 찰스 1세와 그 신하들이에요. 찰스 1세의 전문 요리사인 제랄드 티생은 최초로 우유와 크림을 섞어 아이스 디저트를 만들었어요.

17. 돌돌돌 세탁기

세탁기가 세상에 나오면서 여성들은 매일 수북하게 쌓이는 빨래의 부담에서 해방되었고, 남은 시간에 사회 활동에 적극적으로 참여할 수 있게 되었지요.

전통적인 세탁 도구로는 빨래방망이와 빨래판이 있어요.

주로 나무로 만들어졌는데 나중에는 플라스틱 재질로 바뀌었어요.

세탁기는 미국에서 발명되었어요.

1851년에 제임스 킹은 드럼을 이용해 실린더식 세탁기를 만들었어요.

주동력은 전동기로 하고 세탁과 헹굼, 탈수 과정은 수동으로 했어요. 손으로 빙빙 돌리는 식이었지요.

1874년에는 블랙스톤이 아내에게 생일 선물로 세탁기를 만들어 주었는데 이 세탁기가 최초의 가정용 세탁기가 되었어요.

1908년 아버 피셔가 발명한 전기모터가 달린 드럼통 세탁기는 오늘날 드럼세탁기의 원조가 되었어요.

당시 세탁기는 나무와 쇠로 만들어져 오래가지 못했을 뿐 아니라 소음도 심했어요.

1911년 미국에서 드디어 전기세탁기를 만들어 판매를 시작했으며, 우리나라에서는 1969년 지금의 LG의 전신인 금성사에서 처음으로 만들었어요.

전기밥솥처럼 생긴 세탁기예요. 히터가 있어 물을 데워 사용할 수 있었지요.

18. 머리 아플 때는 아스피린

아스피린의 역사는 약 2천5백 년이 넘어요. 기원전 5세기경 히포크라테스가 해열과 진통의 효과를 얻기 위해 버드나무 껍질에서 즙을 내어 사용한 것이 기원이라고 할 수 있어요.

그것이 살리실산 성분이라는 것은 한참 후인 1897년 독일의 제약회사 프리드리히 바이엘 사의 연구원인 펠릭스 호프만 박사에 의해 밝혀졌어요.

1897년 호프만 박사는 류머티즘으로 고생하는 자신의 아버지가 살리실산의 부작용으로 고생하는 것을 보고 화학적 구조를 변경하여 새로운 약품을 만들어 냈어요.

이것이 최초로 완성된 아스피린이에요.

살리실산 성분이 해열과 진통에 효과가 있다는 것이 과학적

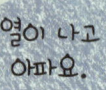

으로 증명된 셈이지요.

　1915년 처음의 아스피린은 가루 형태로 250g씩 병에 담아 판매되었어요.

　많은 회사에서 복제품을 만들어 시판을 하자, 바이엘 사는 아스피린을 정제로 개발해 판매했어요.

　아스피린의 통증 완화효능은 증명이 되었지만 인체에 어떤 부작용이 일으키는지는 아직까지 정확하게 밝혀지지 않고 있어요.

아스피린의 역사

BC 5세기	버드나무껍질에서 해열, 진통효과 발견
1897년	아스피린 최초 제품화
1915년	아스피린 정제 생산
1980년	심혈관질환 예방효과 FDA 승인
2003년	WHO(세계보건기구) 필수약물 리스트에 포함

19. 쭉쭉 빵빵 다리미

고대 로마인들은 망치로 두드려 옷의 구김을 폈어요. 지위의 상징이었던 구김 없는 옷을 입게 하기 위해 주인의 노예들은 망치질을 해야만 했어요.

옷의 모양이 다양해지면서 17세기부터 다리미가 사용되었어요.

처음에는 철로 만든 용기에 숯이나 뜨거운 모래를 넣어 다림질을 했어요.

전기다리미는 1882년 미국의 발명가 헨리 실리가 처음으로 발명하였는데 열판 온도 조절이 어려워 안전사고의 우려가 높았어요. 하지만 실리는 얼마 후, 전기로 데워져 있는 상태에서 사용하지 않을 때에는 바닥에 내려놓을 수 있는 다리미를 개발했어요.

1920년대 이후 선진국 가정 대부분에 전기가 공급되면서 많은 사람들이 전기다리미를 사용하게 되었어요.

다리미의 종류

숯다리미: 쇠로 만든 용

기에 숯을 담아 열과 무게로 옷의 주름을 펴요.

전기다리미: 발열체인 니크롬선을 감아 바닥쇠에 열을 전달해 다림질해요. 온도를 조절할 수 있는 스위치가 있어요.

스팀다리미: 다리미 내부에 물을 넣어 스팀을 내보내 다림질해요. 스팀의 온도가 높아 화상을 입을 수 있으니 조심해야 해요.

20. 탈탈 먼지 제거 진공청소기

영국의 세실 부스는 빌딩 관리인으로 일을 하면서 생긴 천식 때문에 고생하고 있었어요.

1901년, 그는 의자에 먼지를 뿌린 뒤 앞에 손수건을 놓고 입으로 빨아들이는 실험을 해 보았어요. 공기가 희박한 곳으로 주변의 공기가 모이는 기압차 원리를 이용한 거예요. 부스는 이를 이용해 최초의 진공청소기를 만들었어요.

비록 이 청소기는 마차에 펌프를 실어 여러 사람이 펌프질을 해야 하는 번거로움이 있었지만 제1차 세계대전 때, 아주 훌륭한 일을 해내기도 했어요.

당시 먼지가 원인인 전염병이 발생했는데, 부스가 만든 청소기로 먼지를 빨아들여 전염병을 사라지게 했거든요.

가정용 청소기를 만든 사람은 따로 있어요.

미국의 머레이 스펭글러는 크기가 무척 작고 가벼운 데다 혼자서 조작할 수 있는 진공청소기를 만들었어요.

그러나 영국의 제임스 다이슨은 사이클론 방식 진공청소기를 1979년 개발했어요. 사이클론 방

식은 원심력을 이용해 빨아들인 먼지, 세균, 공기를 고속으로 회전시키는데 이때 무게 차이를 이용해 공기와 이물질을 거의 완벽하게 분리할 수 있었어요. 제임스 다이슨은 먼지봉투를 없애고 청소능력이 크게 향상된 진공청소기를 개발해 영국 왕실로부터 기사 작위를 받았어요.

최근에는 초미세 먼지까지 없애 주는 진공청소기가 개발되었어요.

21. 달고 단 인공 감미료

　인공 감미료는 설탕, 포도당, 꿀과 같은 천연 감미료와는 다른 화학 물질로, 설탕보다 무려 300~500배나 달아요.

　설탕을 너무 많이 먹으면 이가 상하거나 살이 찌는 부작용이 생길 수가 있어요. 하지만 인공 감미료를 넣은 음식은 설탕보다 훨씬 적은 양을 넣고도 단맛을 낼 수 있고 칼로리가 없기 때문에 당이 있는 사람도 먹을 수가 있어요.

　흔히 사용되고 있는 인공 감미료는 사카린이에요. 1879년 미국의 화학자 콘스탄틴 팔베르크와 이라 렘센이 공동으로 만들었어요.

　둘신이라는 인공 감미료는 설탕보다 250배나 더 달아요. 둘신은 독일의 조지프 베를리너 블라우가 만들었어요. 하지만 암을 일으키는 물질이 발견되어 1968년부터는 사용을 금지했어요.

　청량음료에는 아스파탐이라는 인공 감미료가 사용돼요.

식품의 단맛을 내기 위해 사용되는 화학적 합성품

탄소, 수소, 산소로 구성된 화합물로 물에 잘 녹아요.

인공 감미료의 함정

인공 감미료는 단맛은 내긴 하지만 혈당을 증가시키지는 못해요. 그러므로 뇌의 활동이나 신체 활동에 필요한 포도당을 채워 주지 못해, 오히려 단 것을 더 찾게 만든답니다.

당뇨가 있는 사람들은 소르비톨이라 인공 감미료를 사용해요.

설탕과 인공 감미료

설탕은 한때 부자들만이 먹을 수 있었던 사치품이었어요. 십자군의 원정 때 사탕수수에서 뽑아낸 설탕을 가지고 돌아오면서 유럽에 전해졌어요. 유럽의 경제 성장에 큰 도움을 준 설탕 산업은 노예무역의 동기가 되기도 했어요. 당시 설탕 소비를 가장 많이 하는 나라는 영국이었어요. 설탕이 워낙 비싸다 보니 귀족들만의 사치품이 되었던 거예요.

22. 일정한 시간은 모래시계

시간을 측정하는 것은 인류가 살아가는데 매우 중요한 일이에요. 최초로 시간을 측정하는 기구는 해시계였어요. 하지만 해시계는 해가 뜨는 낮에만 사용할 수 있어요. 그래서 등장한 것이 바로 물시계예요.

물시계는 용기에 물을 넣어 일정하게 흘러나가는 것을 보고 시간을 측정하는 시계예요.

물시계는 밤낮으로 시간을 측정할 수는 있었지만 부피가 워낙 커 이동하기가 불편했어요. 그래서 물시계의 원리를 이용한 모래시계가 등장했어요.

모래시계는 프랑스의 성직자 라우트프랑이 만들었어요. 물시계보다 훨씬 작아 휴대가 편하고 정확도도 높았어요.

모래시계는 어떻게 시간을 알려 줄까요?

모래시계는 위쪽과 아래쪽의 두 칸으로 나뉘어 있어요. 두 칸 사이로는 좁은 통로가 연결되어 있어 그사이로 모래가 지나가요. 중력에 의해

최초의 시계는 해시계이지요.

모래가 아래로 내려가는 시간을 정해 시간을 측정하는 것이지요. 시간은 30초, 1분, 2분, 5분, 10분, 30분, 1시간 등으로 정해 놓아요. 위 칸에 있는 모래가 아래로 떨어지면 그만큼의 시간이 흘렀다는 것을 알 수 있어요. 정교하게 만들어진 모래시계는 초 단위까지 알 수 있어요.

모래시계는 지구의 중력을 이용한 기구예요.

23. 편리한 자물쇠

기원전 4,000년경 사람들은 나무로 열쇠와 자물쇠를 만들었어요. 열쇠를 넣으면 내부 핀이 밀리면서 나무 빗장이 분리되는 원리로 작동됐어요.

중세까지 나무 빗장 자물쇠의 원리를 이용한 자물쇠가 사용되었어요.

그러다 영국의 제임스 서전트가 금속으로 자물쇠를 만들었어요.

1857년, 그는 번호형 자물쇠를 발명했어요. 주인이 언제라도 비밀번호를 변경할 수 있기 때문에 매우 혁신적이라는 평가를 받았어요. 그는 1873년에는 설정된 시간에만 열 수 있는 시간 한정제 자물쇠, 1880년에는 특정 간격 이후에만 열 수 있는 시간 지연식 잠금장치 등을 발명했어요.

자물쇠가 열리는 원리

위에서 누르는 스프링에 의해 눌려 있던 드라이버 핀이 울퉁불퉁한 열쇠가 들어오면 핀들이 정확한 높이로 들어 올려요. 드라이버 핀들이 플러그 원통 라인과 일직선이 되어 회전을 방해하는 것이 없이 실린더 플러그가 회전하게 되지요. 이때 잠금 볼트가 움직여 자물쇠가 열리게 되는 거랍니다.

24. 한 번에 쫙 수세식 변기

화장실에서 일을 보고 물을 내리면 깨끗하게 뒷일을 처리해 주는 수세식 변기.

이 편리한 변기를 만든 사람은 가난한 농부의 아들인 조지프 브라마입니다. 이보다 먼저 이를 고안한 사람은 존 헤링턴이에요. 존 헤링턴은 자신이 만든 수세식 변기를 엘리자베스 여왕에게 선물했어요. 그러나 시대를 앞선 발명품에 여왕은 물론 다른 사람들도 외면을 했어요.

이 위대한 발명품은 그렇게 사람들의 무심함 속에 묻혀 버리고 말았어요. 몇 년이 지난 후, 브라마는 화장실로 인해 많은 사람들이 불편을 겪고 있는 것을 보았어요.

당시에는 화장실이 따로 없어 아무 데서나 대 소변을 보았답니다. 브라마는 실용적인 수세식 변기를 설계하기 시작해 1778년 드디어 완성시켰어요. 브라마가 만든

사이펀이란?

양쪽에 서로 다른 길이의 구부러진 관이 있고 관 속에는 물로 가득 차 있어야 해요. 사이펀은 압력 차로 작동하는데 높은 곳에 올려놓은 수조의 물에 대기압이 작용하여 짧은 관 속에 있는 물을 위로 끌어올려요. 그러면 물은 관 꼭대기에 도달했다가 중력 때문에 낮은 쪽으로 떨어지게 돼요.

25. 번개 잡이 피뢰침

피뢰침은 돌침부와 피뢰도선, 접지전극 등 세 부분으로 만들어요.

옛날 사람들이 천둥소리와 함께 번개가 치면 두려움에 떨었어요. 번개는 신화에 등장하는 신들의 무기이기도 하지요.

하지만 결국 인간은 번개가 자연이 만들어내는 초자연 현상이라는 사실을 알아냈어요. 미국의 정치가이며 과학자였던 벤

돌침부는 구리나 아연도금을 한 철을 사용하고 피뢰도선은 구리나 알루미늄을, 접지전극은 강판이나 아연도금철판을 사용해요.

자민 프랭클린은 1752년 7월에 연을 가지고 실험을 했어요.

연에 30cm의 철사를 늘어뜨리고 연줄 끝에는 명주 리본을 묶었어요.

연줄과 리본 사이에는 금속

전자들은 뾰족한 물체를 좋아해요 피뢰침은 이런 성질을 이용해 만들었어요.

열쇠를 매달았어요. 연줄이 비에 젖자 손가락으로 살짝 열쇠를 만져 보았어요. 그러자 퍽, 하는 소리와 함께 불꽃이 튀었어요. 프랭클린은 번개의 정체가 전기라는 것을 알아냈어요.

마침내 프랭클린은 끝이 뾰족하고 높은 곳에 있는 물체에 벼락이 많이 떨어진다는 것도 알아냈어요.

프랭클린은 높은 건물의 꼭대기에 전기가 잘 통하는 뾰족한 막대기를 세운 다음, 전기가 잘 통하는 구리선을 땅속까지 연결해 전류가 땅속으로 들어가게 만들었어요. 이것이 피뢰침이에요.

하지만 프랭클린은 특허를 내지 않았지요. 자신이 돈을 많이 버는 것보다, 많은 사람이 안전하게 사는 것이 더욱 중요하다고 생각했기 때문이에요. 덕분에 사람들은 마음 놓고 피뢰침을 설치할 수 있었어요.

피뢰침의 원리

1. 번개는 구름과 구름, 구름과 대지 사이에서 일어나는 방전 현상이에요. 방전이란 물체에서 전기가 흘러나오는 것을 말해요. 번개를 일으키는 구름은 위쪽은 전기를 띤 얼음으로, 아래쪽은 전기를 띤 물로 되어 있어요.
2. 구름 아래쪽에 있는 전하와 땅 표면의 전하가 서로 만나 번개가 만들어져요. 피뢰침이 번개를 맞으면, 번개의 전류가 피뢰침과 연결된 금속선을 통해 땅 속으로 흘러들어가요.

26. 떨어질 때 천천히 낙하산

　1470년, 이탈리아에서 최초의 낙하산 설계도가 발견되었어요.

　하지만 이 낙하산은 지금의 우산을 잡고 뛰어내리는 정도의 수준이었어요. 1485년 레오나르도 다빈치가 오늘날의 낙하산에 거의 근접하는 설계도를 그렸어요.

　하지만 이 설계도도 실용화되지 못했어요. 100년이 지난 1595년 파우스토 베란치오가 레오나르도 다빈치가 그린 설계도를 기초로 낙하산을 만들었어요. 그는 낙하산을 메고 베니스의 산마르코 종탑에 올라가 뛰어내렸어요. 종탑의 높이는 100m로 낙하산을 펴기에는 낮은 높이였지만 성공했어요.

　하지만 1695년 프랑스의 르노로망은 자신이 만든 낙하산으로 실험을 하다 그만 사망하고 말았어요.

　현대적인 낙하산은 1911년부터 개발이 시작되었어요. 에펠탑에서 사람 몸무게 정도인 75kg의 물건을 매달아 실험을 했어요. 실험은 성공적이었지만 사람이 사용하기에는 아직은 무리였어요. 미국에서는 그랜트 모턴이 라이트 형제가 만든 비행기를 타고 낙하산 실험을 했어요.

　하지만 이것 역시 사용이 쉽지 않았어요. 그러다 1912년 러시아 과학자 그레브 코텔니코프가 현재 사용하고 있는 낙하산을 개발했어요.

이것은 신체에 전해지는 중력의 운동에너지로 인해 일정 수준 이상의 압력이 가해지면 자동적으로 펼쳐지는 낙하산이에요.

낙하산의 원리

구멍: 공기가 구멍을 통해 빠져나가면서 흔들리거나 너무 느리게 떨어지지 않게 조절해 줘요.

공기저항: 중력에 의해 물체가 떨어질 때 빨리 떨어지지 못하도록 막아 줘요.

중력: 지구의 중심 쪽으로 끌어당기는 힘을 말해요. 하지만 공기저항의 힘이 없다면 너무 빨리 떨어져 위험하겠지요.

양력: 유체의 흐름 방향에 대해 수직으로 작용하는 힘.

항력: 물체가 유체 내를 움직일 때 이 움직임에 저항하는 힘.

27. 만지면 보이는 점자

점자는 맹인이었던 루이 브라유가 열다섯 살에 최초로 만들었어요.

브라유는 3살 때 사고로 한쪽 눈을 실명하고, 4살 때 다른 눈마저 감염으로 실명했어요. 색과 형태를 전혀 볼 수 없는 브라유의 생활은 우울과 불안의 연속이었어요.

국립 맹아학교에 다니던 1821년 어느 날, 브라유는 한 장교로부터 한

장의 종이를 건네받았어요. 그 종이는 작은 요철로 올록볼록하게 만든 암호문이었어요. 브라유는 순간 정신이 번쩍 들었어요.

'바로 이거야. 맹인들이 읽을 수 있도록 만져지는 문자를 만드는 거야.'

브라유는 이때부터 오직 점자를 만드는 일에 몰두했어요.

드디어 1824년에 정사각형으로 정열이 된 여섯 개의 뽈록한 점을 가지고 알파벳 26글자를 표시하는 새로운 점자를 개발해냈어요.

그리고 5년 후에는 점을 사용하여 간단한 악보를 작성하는 점자도 만들어 출판했어요.

28. 두 바퀴로 달리는 자전거

1791년 프랑스의 귀족 콩트 메데 드 시브락이 목마와 비슷하게 생긴 두 바퀴가 달린 탈것을 타고 다녔어요. 이것이 최초의 자전거라고 볼 수 있어요.

1813년에 독일의 카를 폰 드라이스 남작이 오늘날의 자전거와 비슷한 탈것을 타고 등장했어요. 이 탈것은 작게 만든 마차 바퀴를 나무로 연결하고 그 위에 올라타서 발로 땅을 차면서 나가도록 한 것이었어요.

드라이스는 이 탈것을 자신의 이름을 따 '드라이지네'라고 불렀어요.

최초로 땅에서 발을 떼고 달릴 수

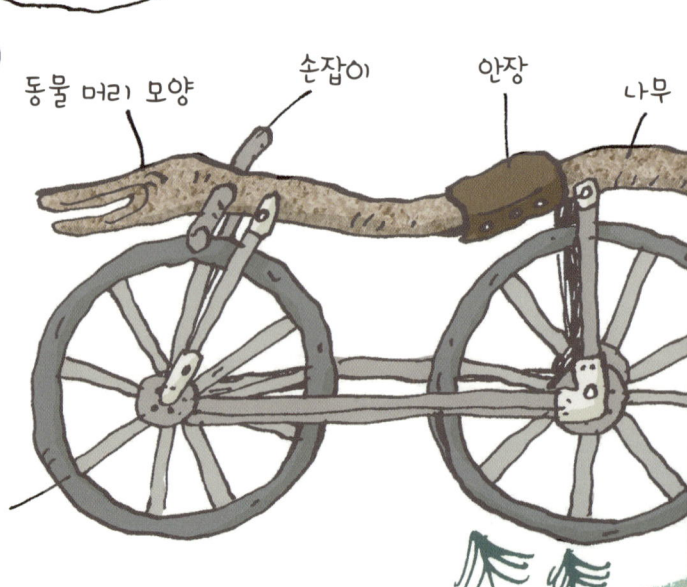

어때? 내가 만든 자전거야. 멋지지?

동물 머리 모양 / 손잡이 / 안장 / 나무

나무바퀴

있는 자전거를 만든 사람은 영국 스코틀랜드에서 대장장이로 일하던 맥밀런이에요.

프랑스의 미쇼 부자가 만든 자전거는 페달로 바퀴를 움직이는 자전거였는데, 최초로 대량 생산되었어요.

19세기 말 유럽에서는 '오디너리'라는 앞바퀴가 유난히 큰 자전거가 유행했어요. 앞바퀴가 클수록 더 멀리 나아갈 수 있어 이동수단으로 인기를 끌었지만 앞바퀴가 커진 만큼 자전거의 높이가 높아져 중심을 잡기가 어려웠어요.

스코틀랜드의 수의사 존 던롭은 고무 튜브에 공기를 넣은 공기 타이어를 만들었어요. 자전거 바퀴에 공기 타이어를 단 것은 자전거의 역사에 커다란 사건이었지요.

29. 풍선에 기관을 달아라, 비행선

1852년 앙리 지파르는 커다란 기구에 증기기관 엔진을 달아 움직이게 만들었어요. 이것이 최초의 비행선이에요.

길이가 40m나 되는 기구에 50마력의 기관을 달고 천천히 하늘을 날아갔지요.

그 후 프랑스의 르포디 형제는 좀 더 개선된 비행선을 하늘에 띄웠어요.

거의 같은 시기에 독일의 체펠린도 알루미늄으로 만든 체펠린 1호를 만들었어요.

체펠린 호는 65명의 승객을 태우고 세계일주 여행을 나서기도 했어요.

처음의 비행선은 기구에 통째로 가스를 넣는 연식 비행선이었어요.

하지만 이 비행선은 기낭에 조그만

비행선이 상공에서 평형 상태로 있을 때 부력은 헬륨의 무게와 비행선의 무게를 더한 것과 같아야 해요.

헬륨+비행선의 무게=부력

현재 비행선을 운행하지 않는 이유

비행선이 비행기보다 적재량이 훨씬 많기는 하나 열차나 선박을 이용하는 편이 안전하기 때문이에요. 또 기구 안에 헬륨을 넣고 사용하면 안전은 하나, 비행기의 속도를 따라갈 수는 없어요.

구멍이 생기면 바람이 새어 나와 위험했어요.

연식 비행선을 개량해 만든 경식 비행선은 기낭 안에 뼈대를 만들고 작은 기낭을 그 안에 따로 만들어 넣어 안전했어요.

비행선의 기구 안에는 수소나 헬륨을 넣을 수 있었는데, 수소는 폭발할 수 있어 안전한 헬륨을 사용했어요.

비행선이 떠 있을 때 힘의 평형 관계

비행선이 받는 부력
헬륨의 무게
비행선의 무게

30. 움직이는 사진, 텔레비전

텔레비전을 처음으로 만든 사람은 1926년 영국의 사업가 존 베어드입니다. 베어드는 기계식 텔레비전을 개발하는 데 성공했어요. 이후, 음극선관을 발명한 카를 페르디난트 브라운의 이름을 따 '브라운 관'으로 알려진 전자식 텔레비전이 나왔어요. 1936년 영국의 BBC 방송에서 세계 최초로 텔레비전 방송을 시작했어요. 1928년 존 베어드는 3원색(빨간색, 초록색, 파란색)으로 컬러 영상을 송출하는 데 성공했어요. 컬러 영상의 개발로 1938년 영국 도미니언 극장에서 최초로 컬러텔레비전 방송이 시작됐어요.

우리나라는 1956년 5월 12일 세계에서 15번째로 텔레비전 전파를 발사했어요. 1966년 금성전자가 19인치 텔레비전을 만들어 시험 방송을 했지요. 그리고 1980년 12월 1일엔 드디어 우리나라에서 컬러 방송이 시작되었답니다.

지나친 텔레비전 시청은 금물!

31. 생각하는 기계 컴퓨터

1946년 펜실베이니아 대학의 에거트와 모클리는 18,000여 개의 진공관과 1,500개의 계전기를 사용해 에니악이라는 디지털 컴퓨터를 개발했어요.

무게가 자그마치 30톤이나 나가는 거대한 이 기계는, 한 번에 150kw의 전력을 소비하는 전기 먹는 하마였어요.

게다가 프로그램을 일일이 배선하는 외부 프로그램 방식이었으므로 용도에 따라 배선판을 바꾸어야 했지요.

컴퓨터는 제1세대에는 진공관 형식이었으며 제 2세대는 트랜지스터, 제3세대는 IC, 제 4세대는 LSI와 같이 대략 10년마다 다시 개발이 되어, 지금은 인공지능 컴퓨터인 슈퍼컴퓨터가 등장했어요.

입력장치
사용자가 원하는 문자, 기호, 그림 등의 데이터를 컴퓨터의 기억 장치에 전달하는 장치예요.

32. 간단하게 불을, 성냥

1669년, 독일의 브란트는 은을 금으로 바꿔 줄 수 있는 물질을 찾기 위해 각종 연금술 실험을 하던 중, 공기를 차단하고 오줌을 끓여 보는 실험을 했어요. 아무런 변화가 일어나지 않아 무심코 보관했는데 어느 날 밤, 이 병에서 은은한 빛이 나오는 것을 발견했어요. 오줌 속의 인 성분이 산화되지 않아 빛을 발하고 있었던 거예요.

브란트는 '인'이라는 물질은 낮은 온도에서도 불이 붙는다는 것을 알아냈어요. 1680년 영국의 과학자 보일이 성냥개비를 만들어 문질러 불

이 붙는 원리를 알아냈어요. 하지만 인의 휘발성이 너무 강해 보일의 성냥은 실용적으로 사용되지 못했어요.

그 후 150년 가까이 지나 화학자 존 워커가 최초로 마찰 성냥을 발명했어요. 염화칼륨과 황화안티몬을 섞을 때 사용하는 막대를 깨끗이 하려고 돌에 문지르는 순간 불꽃이 일어 우연히 발견하게 된 거예요. 그 후 성냥의 제조법이 개선되었으나 성냥끼리 마찰을 일으켜 저절로 불이 붙는 사고가 종종 일어났어요.

1855년 스웨덴의 요한 에드바드 룬드스트룀이 적색 인을 사용해서 최초의 안전성냥을 만들었어요.

우리나라에서는 1880년 스님 이동인이 일본에서 성냥을 가지고 돌아오면서 사용되었어요. 최초로 인천에 '대한 성냥'이라는 성냥 공장이 차려졌는데 당시 성냥 한 통의 값은 쌀 한 되의 값과 같았어요.

성냥 머리 부분에 불을 붙이는 이유

성냥의 머리 부분에는 붉은색이나 흰색 황이 동그랗게 붙어 있어요. 황이 붙은 머리 부분을 성냥갑의 인이 칠해져 있는 곳에 대고 긁어 불을 붙여요. 황은 나무보다 발화점이 낮아 불이 더 잘 붙어요. 발화점은 어떤 물질이 타기 시작하는 온도를 말해요. 황의 발화점은 섭씨 약 190도 정도이고, 나무의 발화점은 섭씨 400~470도예요.

33. 기록을 간편하게, 자기기록

　자기기록장치란 한마디로 자기 현상을 이용해 정보를 기록하고 재생하는 장치를 말해요. 우리 주변에는 자기기록을 활용한 물건들이 많아요. 카세트테이프, 비디오테이프, 하드디스크, 신용카드, 현금카드, 은행통장, 전철승차권, 상점의 도난방지장치 등이 그것이에요.

　이것들의 뒷면엔 산화철 등의 자석 가루가 발라져 있어 검게 보이는 띠가 있어요. 바로 자기테이프예요. 자기기록장치가 널리 쓰이는 이유는, 전원이 꺼지더라도 저장된 정보가 사라지지 않을 뿐 아니라 정보의 기록과 재생이 쉽기 때문이에요.

　최초의 자기기록장치는 1898년 덴마크의 발데마르 포울센이 발명한 텔레그래폰이에요. 텔레그래폰은 원통에 촘촘히 감겨 있는 철사에, 자기로 음성을 기록·재생하는 녹음기예요. 하지만 녹음의 질이 떨어졌을뿐더러 재생할 때 잡음이 커서 실용화되지 못했어요.

　1928년 독일의 프리츠 플로이머는 철사 대신 종이테이프에 자석가루를 발라 자기테이프를 만들었어요. 종이로 만든 테이프는 가볍고 빨리 감을 수는 있었지만 너무 쉽게 찢어졌어요.

　1936년에 독일의 아에게 사는 종이 띠 대신 플라스틱 띠를 사용한 자기

전자석에 흐르는 전류의 방향이 바뀌면 산화철의 정렬 방향이 바뀌면서 정보가 저장돼요.

테이프로 마그네토폰이라는 녹음기를 선보였어요. 이후 자기테이프는 음성 및 영상 기록에 사용되면서 음악과 방송 등 미디어산업의 변혁을 주도했어요.

하지만 자기테이프는 저장된 특정 부분의 자료를 재생하려면 그 위치까지 테이프를 감아야 했기 때문에 원하는 데이터를 찾는 데 시간이 많이 걸렸어요. 이를 개선한 것이 플로피디스크나 하드디스크예요. 원판 모양의 플라스틱판 양쪽에 자석 가루가 발라져 있고, 표면이 수많은 트랙과 섹터로 구분돼 있어 기록과 재생 속도가 매우 빨랐어요.

마그네틱 카드의 정보 기록과 읽기

정보기록 – 코일에 전류가 흘러 자기장이 생기면 마그네틱 띠(자기기록 띠)는 헤드의 극과 반대 방향으로 자성을 띠게 되지요.
정보 읽기 – 마그네틱 띠(자기기록 띠)의 자기장 방향이 변하면서 코일에 유도전류가 흘러 정보를 읽어내지요.

입력 전류
테이프 헤드
자기장
테이프 이동

장점
정보의 기록과 삭제가 편리해요.

단점
외부자기장에 의해 정보가 쉽게 손상돼요.

34. 흑백을 컬러로, 컬러 사진

　캄캄한 방 한쪽 벽에 작은 구멍을 뚫어 빛을 통과시키면 반대쪽 벽에 외부의 풍경이 거꾸로 나타나는 현상을 '카메라 옵스큐라'라고 해요. 여러분 모두 바늘구멍 사진기를 만들어 본 일이 있을 거예요. 이것 역시 카메라 옵스큐라의 일종이에요.

　1490년 레오나르도 다빈치도 이 원리를 이용해 그림을 그렸어요.

　외부의 풍경을 보고 스케치를 하는 것이 아니라 '카메라 옵스큐라'를 통해 유리에 맺힌 상을 그대로 베꼈어요. 다빈치뿐 아니라, 렘브란트, 베르메르 등 유명한 화가들도 '카메라 옵스큐라'를 통해 위대한 그림을 남겼어요.

　이때까지는 사진의 기본이 되는 필름이나 인화지가 발명되지 않고 광학 도구만 발명되어서 렌즈를 통해 맺힌 외부 풍경을 그림으로 옮기는 시절이었어요. 그러므로 그림이 인화지 역할을 한 거예요.

　1724년 요한 하인리히 슐츠가 염화은의 감광성을 발견했어요. 빛에 반응하는 물질을 발견하면서 비로소 사

옵스큐라

진의 역사가 시작되었어요. 1826년, 드디어 조세프 니세포르 니엡스가, 빛을 받은 유태역청을 라벤더 오일로 지우면 빛을 받은 부분은 그대로 굳어서 남고, 빛을 받지 않은 부분은 오일에 녹는 현상을 이용해, 세계 최초로 사진 촬영에 성공했어요. 그는 이 사진을 '헬리오그래피'라고 불렀어요. '태양 광선으로 그리는 그림'이라는 뜻이에요.

1861년 영국의 물리학자 클럭 맥스웰은 빨강, 초록, 파랑의 양을 조절하여 컬러 사진을 만들었어요. 컬러 사진는 만네스와 고도프스키 형제에 의해 실용화됐어요. 그들은 1935년에 한 장의 필름 속에 3원색을 감광시켜 한 번의 노출로 원래의 색을 만들어내는 컬러 필름인 '코다크롬'을 탄생시켰어요.

이런 과정을 거쳐 사진이 나와요

- 감지
- 발색 현상
- 표백 정착
- 수세
- 건조

노광: 인화지에 감광물질을 발라 빛을 쪼여 변화를 시켜요. 디지털 장비에서는 레이저 빔을 사용해요.
발색 현상: 실제 실물과 같은 색깔을 만드는 과정이에요.
표백 정착: 색이 입혀진 인화지에 더 이상 화학변화가 일어나지 않도록 고정시키는 작업이에요.
수세: 사진이 오래 보존될 수 있도록 안정화시키기 위해 물로 씻어내요.
건조: 사진의 물기를 없애요.

35. 비를 마음대로, 인공 강우

비나 눈이 내리지 않는 것은 구름 속의 물방울 알갱이가 떨어질 만큼 무겁지 않기 때문이에요. 인공 강우는 물방울을 무겁게 만들어서 눈이나 비를 내리게 하는 방법이에요.

미국, 소련 등 선진국에서는 인공 강우에 대한 연구를 해 왔어요.

1937년 힌다이센이 1933년 발표된 빙정설에 따라 인공적으로 비씨를 구름에 뿌리면 비를 내리게 할 수 있다고 했어요.

1946년 미국의 빈센트 쉐퍼가 경비행기로 구름 위에 드라이아이스를 뿌려 눈이 내리는 실험을 성공적으로 했어요. 이듬해인 1947년에는 버나드 보네거트도 인공 강우에 성공했어요.

인공 강우를

로켓포를 이용해 요오드화은을 구름 속에 쏘아요.

연소탄이 타면서 요오드화은 알갱이가 나와요.

36. 태양을 에너지로, 태양전지

태양전지는 태양의 빛에너지를 전기에너지로 바꾸는 장치예요.

초기의 태양전지는 전기가 필요한 무인 등대나 전기 시설이 부족한 주민들을 대상으로 공급되었어요. 꾸준한 연구 개발로 이제는 항공, 기상, 통신 등 여러 분야에 활용되고 있으며, 태양전지를 이용해 자동차나 비행기도 만들고 있어요.

1839년 프랑스 물리학자 에드몬드 베크렐은 빛을 가하면 전자가 튀어나오는 현상인 광전효과를 발견했어요. 이것이 최초의 태양전지예요.

1954년 미국의 벨연구소는 처음으로 실리콘을 이용해 태양전지를 만들었어요. 이 태양전지에 빛을 쏘이면 빛에너지에 의해 전자가 이동하며 전류가 흘러요. 전자계산기, 시계 등 비교적 전력이 적게 들어가는 기기에 널리 쓰이고 있답니다. 인공위성이나 행성탐사로봇, 우주정거장 등은 에너지를 쉽게 얻을 수 없기 때문에 태양전지로부터 에너지를 얻어 움직이지요.

형광등은 눈에 보이지 않는 아르곤 가스와 수은 가스로 채워져 있어요.

아르곤 가스는 방전★ 현상을, 수은 가스는 자외선을 만들어내는 성질을 가지고 있어요.

형광등 양쪽 끝에는 필라멘트가 있어요. 양쪽 필라멘트에 전압을 가하면 형광등 내부에서 방전 현상이 일어나요. 이때 튀어나가는 전자들이 내부의 수은 원자와 부딪치며 자외선을 내보내요. 하지만 자외선은 우리 눈에 보이지 않기 때문에 가시광선★으로 바꿔 주어야 하겠죠?

이 역할은 유리관 내부에 발라진 형광 물질이 해요.

형광등 유리관 안에서 만들어진 자외선이 내부의 형광 물질로 인해 가시광선으로 변해 빛이 나는 거예요.

1938년, 제너럴 일렉트릭사의 인만은 긴 수명과 높은 발광 효율을 지닌 현재의 형광등을 발명했어요.

38. 제3의 금속, 플라스틱

플라스틱이 세상에 나온 것은 우습게도 당구공 제조업자들이 내건 상금 때문이었어요. 초기의 당구공은 코끼리의 상아로 만들어졌어요.

상아 값이 오르자 당구공 제조업자들은 보다 싸게 제조하기 위해 상금을 걸고 공모를 했어요.

이때 미국인 하야트 형제가 니트로셀룰로오스와 장뇌★를 섞어 새로운 물질을 만들었는데 이것이 최초의 플라스틱이에요.

그 후, 석유로도 플라스틱을 만드는 기술이 등장했어요.

플라스틱은 이렇듯 여러 가지 형태로 쉽게 만들 수 있지만 불에 타기 쉽고, 또 썩지 않아 환경오염을 일으켜요.

요즘은 꾸준한 연구로 고온

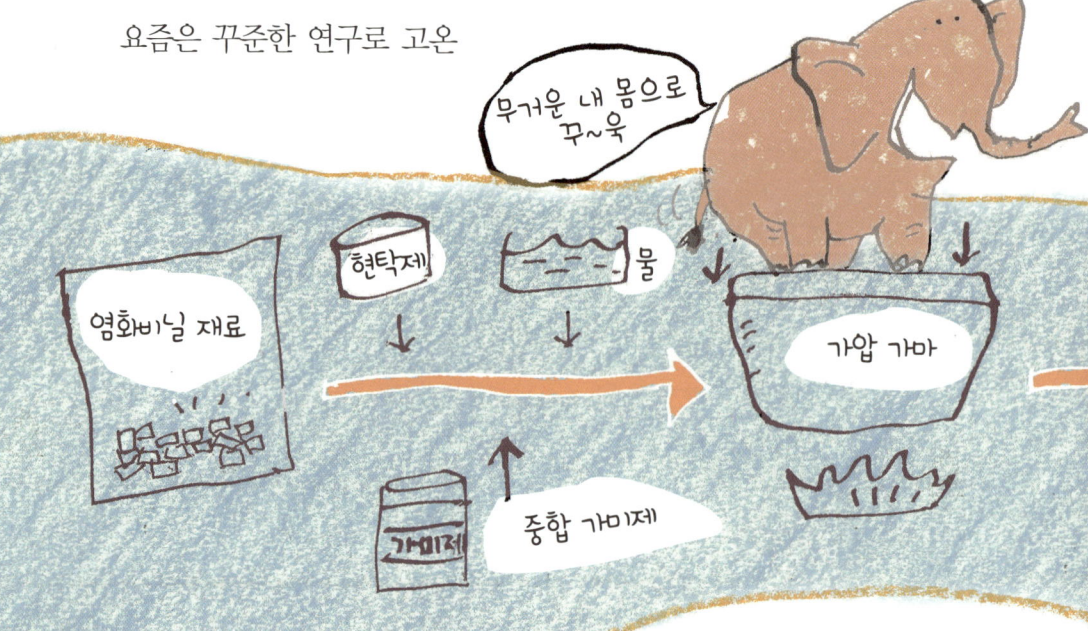

에서 견딜 수 있는 전기 절연 재료나 기계부품 같은 특수 플라스틱이 개발되고 있어요.

여러 종류의 플라스틱의 이름과 사용되는 곳

폴리에틸렌(PE) – 플라스틱 용기, 가방, 포장지
폴리스티렌(PS) – 스티로폼 컵과 쟁반, 수조, 장난감 블록
폴리염화비닐(PVC) – 파이프, 배수로, 전깃줄, 플라스틱 양동이
폴리에틸렌 테레프타레이트(PET) – 플라스틱 병, 계란 상자
멜라민수지 – 식기류
페놀 수지 – 주전자, 조리 기구

플라스틱 지폐를 아나요?

플라스틱으로 만든 지폐는 1988년 호주에서 처음 만들어졌어요. 폴리머를 재료로 썼기 때문에 폴리머 지폐라고도 해요. 빛에 비춰 보면 광택이 나요. 또 종이 지폐보다 빳빳해요. 현재 20여 개국에서 만들어 사용하고 있어요.

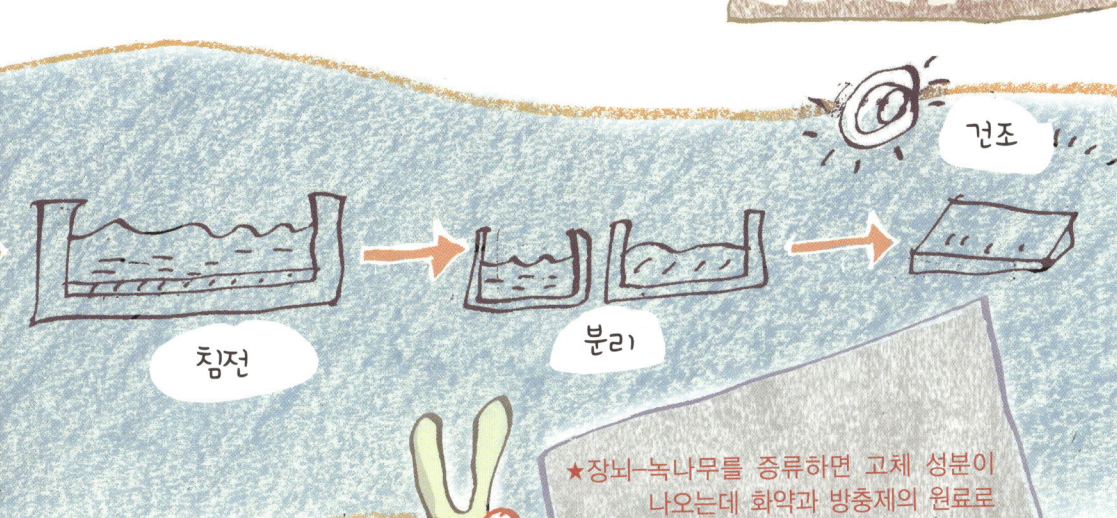

침전 → 분리 → 건조

★ 장뇌-녹나무를 증류하면 고체 성분이 나오는데 화약과 방충제의 원료로도 쓰여요. 독특한 향기가 나는 무색의 고체로 물에 잘 녹지 않아요.

39. 최초의 항생제, 페니실린

1929년 세균학자 알렉산더 플레밍은 푸른곰팡이에서 페니실린을 발견했어요.

상처를 곪게 하는 포도상구균의 활동을 억제하는데 효과가 있었지요. 페니실린이 사람에게 처음 사용된 때는 1940년 영국에서예요.

한 경찰관이 면도칼에 베였는데 상처가 곪아 급성 패혈증으로 번지는 바람에 사경을 헤맸어요. 환자 한 사람을 치료하는데 페니실린이 5~10그램이 필요한데, 당시에는 푸른곰팡이 100리터에서 고작 1그램의 페니실린밖에 얻지 못했어요. 페니실린의 양이 모자라 결국 환자는 사망하고 말았어요. 과학자들은 많은 양의 페니실린을 얻기 위해 노력했어요. 앤드류 모이어(Andrew J. Moyer) 박사는 페니실린을 20배나 많이 생산할 수 있는 푸른곰팡이의 배지 영양분을 발견했어요. 놀랍게도 이 영양분은 옥수수 전분을 걸러내고 난 알칼리성 폐옥수수 전분 액이었어요. 1943년, 메리 헌트 박사는 과일을 사러 시장에 갔다가 썩은 멜론에서 새로운 푸른곰팡이를 발견했어요. 이 곰팡이 덕에 페니실린을 대량 생산할 수 있게 되었어요.

과학자들의 열정과 노력으로 많은 양의 페니실린을 얻게 되어 수많은 사람들이 생명을 구하게 되었답니다.

40. 천연두의 강적, 종두법

종두라는 뜻은 천연두를 심는다는 뜻이에요. 예방주사를 맞는다는 말이지요. 천연두는 천연두 바이러스에 의해 일어나는 악성 전염병을 말해요.

몸에 콩알처럼 종기가 올라오는 이 병으로 수천 년 동안 수많은 사람들이 죽어갔어요.

병이 회복되어도 얼굴에는 곰보자국이 남게 되는 무서운 병이랍니다.

사람이 마마에 걸리면 천연두라고 하고 소가 걸리면 우두라고 해요.

드디어 1796년 영국의 의사인 에드워드 제너가 우두(소의 두창)를 사람에게 주사하여 면역을 얻을 수 있는 방법을 알아냈어요. 천연두에 걸렸던 사람은 다시는 천연두에 걸리지 않는다는 것을 발견하고는 치료법을 생각해낸 거예요.

처음에는 제너의 방법이 사용되지 않았지만 1845년이 되어서는 예방접종이 시작되었어요. 그리고 1979년에 세계적으로 천연두는 사라진 질병이라고 선언되었어요.

우리나라에서는 지석영 선생이 종두법을 배워와 1894년에 시행하

었어요.

제너가 종두법을 만들기 훨씬 전에도 이미 천연두를 예방하는 방법이 있었어요.

고대 중국에서는 천연두를 약하게 앓는 사람에게서 뽑은 고름을 건강한 사람에게 옮겨 감염시키는 방법이었어요. 제너의 방법과 비슷하지만 위험하기 짝이 없는 방법이었어요. 왜냐하면 감염을 당한 사람이 가볍게 앓는 것이 아니라 심각하게 앓게 되어 사망하는 경우가 많았거든요.

소 젖을 짜는 목동들은 두창에 걸리지 않았어요.

영국에는 천연두라는 두창이 번지고 있었어요. 제너는 목동들을 유심히 관찰했어요. 그리고 흥미로운 사실을 알아냈어요. 소에 걸리는 우두를 사람에게 옮기면 두창을 훨씬 약하게 앓고 지나가는 거예요. 제너는 우두에 걸렸던 사람은 다시 걸리지 않는다는 것도 알아냈어요.

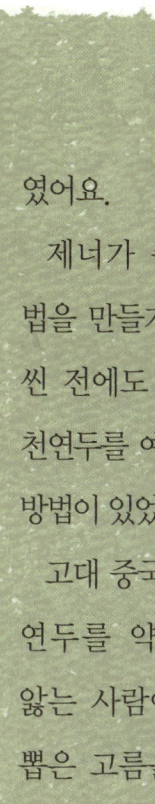

최초의 예방주사는 이렇게 탄생되었어요.

소의 두창을 접종하기 위해 예방주사를 놓아주었어요. 이렇게 시작된 예방접종은 많은 생명을 구했을 뿐 아니라 의학의 발전에도 큰 영향을 끼쳤어요.

41. 몸속을 관찰하는 내시경

1805년 독일의 의사 필립 보치니는 손전등 모양의 금속관을 요도와 항문, 목구멍에 넣고 램프의 빛으로 관찰했어요. 이것이 내시경의 시초예요.

이후에는 단순한 형태의 원통에 전구를 달아 빛을 비추어 관찰하는 내시경이 나왔어요.

1920년에는 부드러운 관으로 만든 내시경이 등장했어요. 고무 재질로 된 내시경을 개량하고 공기 주입과 렌즈 세척 기능을 추가했어요.

내시경은 50,000 가닥의 광섬유를 포함하고 있어요.

촛불을 기계 속 가운데에 놓고 촛불 뒤에 거울을 놓고 빛이 관을 통해 내부로 들어가게 만들었어요. 당시에는 전기가 없어 촛불을 사용했답니다.

1980년대 후반부터는 비디오 내시경이 개발되어 모니터로 관찰할 수 있게 되었어요.

요즘은 작은 캡슐 모양을 한 '캡슐 내시경'이 개발되어 검진이 어려운 부분도 확인할 수 있게 되었어요.

내시경으로 어두운 몸속을 볼 수 있는 이유는 그 안에 직경 8미크롬(1000분의 1mm)의 광섬유 다발이 들어 있기 때문이에요. 광섬유 끝에 붙어 있는 렌즈가 화상정보를 모아 광섬유로 전달하며 이를 통해 전송된 화상정보를 의사는 모니터를 통해 확인해요.

42. 여보세요? 전화기

1835년에 발명된 모스 전신기가 전화기의 시초라고 할 수 있어요.

모스 전신기에는 모스 부호로 말하고자 하는 내용이 전달해요. 짧은 신호는 종이 띠 위에 점(·)으로, 긴 신호는 줄(–)로 표시되었는데, 이 점과 줄의 조합으로 문자나 숫자가 표현되었어요.

최초의 음성 전화기는 1875년 알렉산더 그레이엄 벨이 발명했어요. 이때의 전화기는 한 손으로 송화기를 들고 고정되어 있는 수화기에 대고 말을 했어요.

벨이 발명한 전화기가 처음 설치된 곳은 1877년 미국 보스턴의 부호 찰스 윌리엄스의 집이었어요. 이때의 전화기는 교환원을 거쳐 상대를 호출하는 방식이었어요.

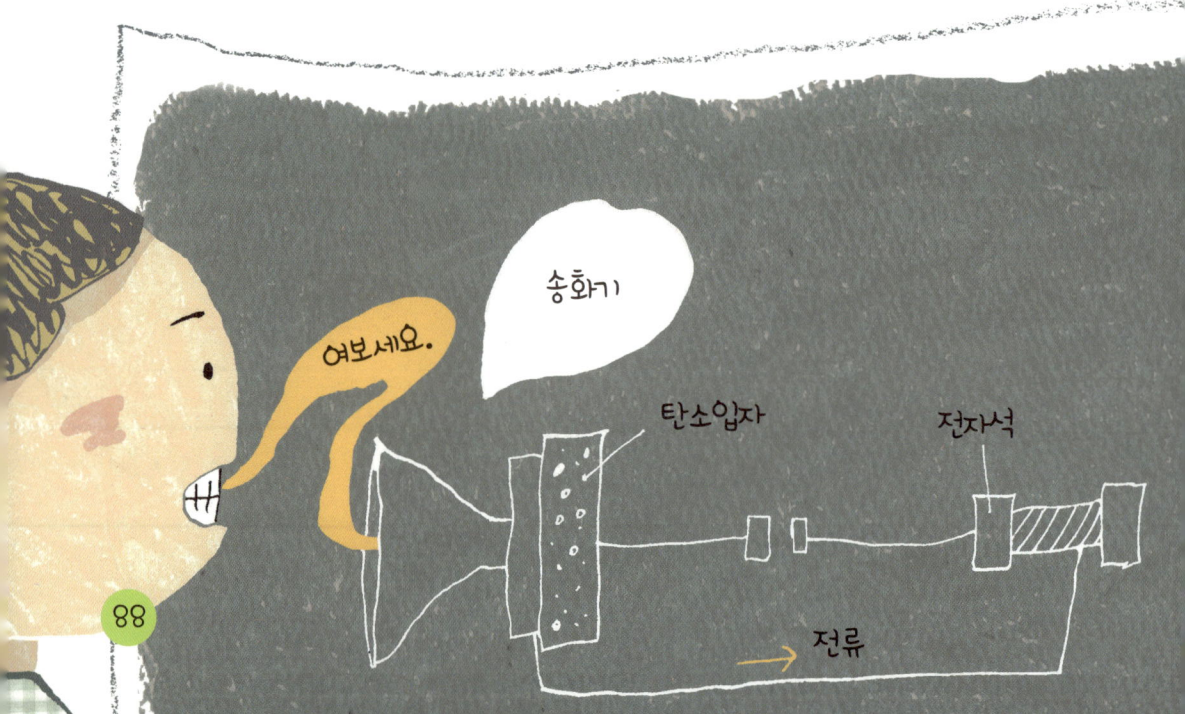

하지만 다른 집에 전화가 없으니 이야기할 상대가 없었지요. 윌리엄스는 사무실에 한 대의 전화를 더 설치해 사용했어요. 하지만 3개월이 지나자 보스턴의 전화 가입자 수가 800여 명으로 늘어났다고 해요.

전화기의 종류

자석식 전화기
벨이 발명한 최초의 전화기는 자석식 전화기였어요. 전화기에 달린 핸들을 돌리면 발전기가 회전해 신호가 가요. 두 명이 연결했을 때는 한 개의 선에 의해 신호를 주고받지만, 여러 명이 가입하여 사용할 때는 교환수가 전화선을 연결해 줘요.

공전식 전화기
공전식은 수화기를 들기만 하면 신호가 자동으로 보내지는 방식이에요. 다이얼과 핸들도 없는 단순한 형태의 전화기예요.

다이얼 전화기
전화 가입자가 늘어나자 대용량의 자동교환 방식의 교환기가 설치되었어요. 번호를 돌리거나 버튼을 누르면 자동으로 상대방을 호출해 통화할 수 있는 방식이에요.

43. 선 없이도 전달되는 무선 전신

독일의 물리학자 하인리히 헤르츠는 "우리가 사는 우주 공간에는 어디에나 냄새도 없고 무게와 빛깔도 없는 '에테르'라는 것이 있어서 그것이 전파를 전달해 주는 역할을 한다."라고 말했어요.

이탈리아의 굴리엘모 마르코니는 만약 이것이 사실이라면 세계 어느 곳에서도 같은 현상이 일어날 것이며 구태여 긴 전선을 사용하지 않더라도 먼 거리에서 서로 통신할 수 있을 것이라고 생각했어요. 그는 1894년부터 본격적인 연구와 실험을 시작했어요.

마르코니는 1894년 96%의 니켈과 4%의 은가루를 진공 속에서 밀봉해서 전파 발사 실험을 해 성공했어요.

영국 정부는 마르코니의 무선 전신 기술을 높이 사 연구와 실험을 안정적으로 할 수 있도록 도와주었어요.

1897년 무선 전신 회사를 설립하고 1899년에는 도버 해협을 통과하는 무선 통신을 성공시켰어요. 그리고 대서양 횡단 무선 통신을 하기 위해 영국에 45m의 기둥을 세워 안테나를 설치하기도 했어요. 1901년 11월에는 미국으로 가 4.5km의 안테나를 연으로 150m까지 매달아 수신 장치를 만들었어요. 12월 12일에는 영국과 미국 간의 무선 통신에 성공하였어요.

그 후, 이달리아, 캐나다, 미국 등에 각각의 무선 통신국을 설치해 교신을 시작했어요.

1909년 마르코니는 무선 전신에 대한 공로를 인정받아 노벨 물리학상을 수상했어요.

44. 위치 파악 레이더

1934년, 독일과 전쟁 중이던 영국은, 독일에서 적군의 비행기를 폭파시킬 수 있는 죽음의 광선을 만들고 있다는 첩보를 듣게 되었어요.

어느 날, 공군과학조사위원회 의장이 로버트 왓슨 와트 무선연구실장을 찾아왔어요.

"왓슨 실장님, 죽음의 광선을 만들 수 있을까요?"

"옛? 죽음의 광선이요?"

왓슨 실장은 황당했지만 곧 연구에 들어갔어요.

하지만 아무리 연구를 노력해도 죽음의 광선을 만들 수가 없었어요.

그런데 우연찮게, 죽음의 광선 대신 다른 것을 발명할 수 있는 기회를 얻게 되었어요.

어느 날, 젊은 연구원 아놀드 윌킨스가 연구실에 찾아왔어요.

"실장님, 무슨 연구를 그렇게 몰두해서 하십니까?"

"자네는 전파로 비행기를 폭파시킬 수 있다고 생각하나?"

그러자 윌킨스는 간단하게 대답했어요.

"비행기는 금속으로 되어 있어 전파가 닿으면 반사돼 버리니 폭파시키는 것은 불가능하지요."
그 말은 들은 왓슨은 자신의 무릎을 탁 쳤어요.
"그렇지! 전파가 반사된다면, 적의 비행기가 날아오는 것을 알아낼 수 있지 않은가?"
왓슨은 윌킨스의 말에 힌트를 얻어 함께 연구에 박차를 가했어요.

왓슨과 윌킨스는 박쥐가 초음파를 쏘아서 주변에 장애물이 있는지 없는지를 알아낸다는 점에 주목하고 1935년, 레이더를 발명하게 되었어요. 전파를 발사하면 물체에서 반사되는 반사파를 이용하여 목표물의 존재와 그 거리를 탐지하는 무선 감시 장치예요. 그 결과 영국은 독일 비행기의 위치를 정확히 알아낼 수 있어 전쟁에서 승리할 수 있었어요.

45. 물속을 마음대로, 잠수함

1770년대 미국은 영국으로부터 독립하기 위해 전쟁을 하고 있었어요. 그런데 영국 군함이 해안을 장악하고 있어서 미국은 매우 불리한 상황이었어요.

당시 예일 대학교 학생이었던 데이비드 브쉬넬은 어느 날 나무통이 바다에 떠 있는 것을 보았어요. 그런데 물이 안으로 들어오자 통이 바닷속으로 가라앉는 것이었어요.

'그래, 바로 저런 나무통에 사람이 들어갈 수 있다면, 물속으로 가라앉고 싶을 때는 통 속에 물을 넣고 반대로 물 위에 뜨고 싶

터틀호는 1인용 잠수함이에요. 손으로 스크루를 돌려 움직이는 구조랍니다. 터틀호는 적함의 밑으로 몰래 들어가 송곳으로 적함의 바닥에 구멍을 뚫고 폭탄을 설치해 폭발시켰어요.

을 때는 물을 빼면 될 거야.'

　버쉬넬은 곧바로 연구를 시작했어요. 그는 나무와 황동으로 술통만 한 잠수함을 만들었어요. 배의 안쪽과 위쪽에 스크루(추진기)를 달고 속에서 사람이 조종하게 만들었어요. 또한 배의 뒤쪽에 달려 있는 키를 움직여 방향을 조종하고, 두 발로 배 밑바닥의 핸들을 돌려 물의 양을 조절함으로써 배를 뜨게 하거나 가라앉게 했어요.

　그리고 물속을 자유롭게 다니는 거북이란 이름으로 터틀호라고 불렀어요.

　드디어 1776년 9월 7일 터틀호가 바닷속으로 들어가 영국 군함이 있는 곳으로 접근했어요.

　하지만 철판으로 된 군함을 뚫을 수가 없어 폭탄을 장치하지는 못했어요.

　비록 불발로 끝난 공격이었지만 잠수함 터틀호는 최초의 잠수함으로 기록되었어요.

46. 줄기차게 쓰는 연필

프랑스의 화학자이며 화가인 콩테는 그림 그릴 때, 보다 오래 쓸 수 있는 도구를 만들고 싶었어요.

그는 흑연, 목탄 등의 원료를 곱게 빻은 다음 점토를 섞어 물로 반죽해 구웠어요. 이렇게 만든 그림도구를 자신의 이름을 따 '콩테'라 했어요.

흑색, 회색, 갈색, 백색 등이 있고 특히 데생이나 크로키를 할 때 사용해요. 콩테는 줄곧 그림 그리는 도구를 연구했어요.

어느 날, 콘라트의 논문에서 흑연을 넣은 필기구에 대한 글을 보았어요. '흑연을 넣은 필기구? 그것 괜찮은 필기도구가 되겠군.' 콩테는 집으로 돌아와 연구를 시작했어요.

먼저 흑연 가루를 압축시켜 막대 모양으로 만들었어요.

하지만 생각한 대로 그림을 그리거나 글씨를 쓰기에는 많이 부족했어요.

어느 날, 저녁을 먹다가 앞에 놓인 접시를 보자 해답이 떠올랐어요.

'이 자기처럼 불에 구우면 흑연이 단단해질 것 같은데?' 콩테는 흑연을 찰흙과 섞어 반죽을

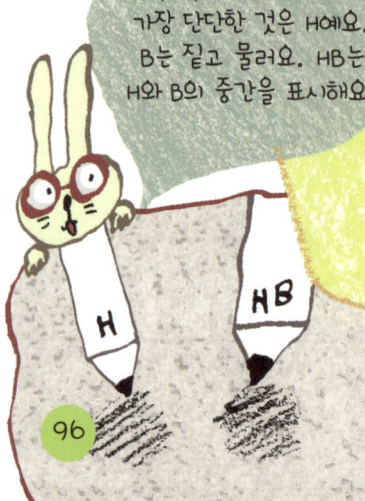

연필은 단단함에 따라 H, B, HB로 나뉘어요. 가장 단단한 것은 H예요. B는 짙고 물러요. HB는 H와 B의 중간을 표시해요.

연필은 처음부터 육각형이 아니었어요

원형
연필심은 흑연 + 흙 → 불
삼각형
팔각형
연필심이 들어 있는 나무판을 원형이나 육각형으로 깎아요.

하고 불에 구웠어요. 실험은 대성공이었어요. 단단한 흑연 막대를, 미리 준비한 홈이 파진 나무 막대에 끼웠어요.

1795년 드디어 연필이 탄생하는 순간이었어요.

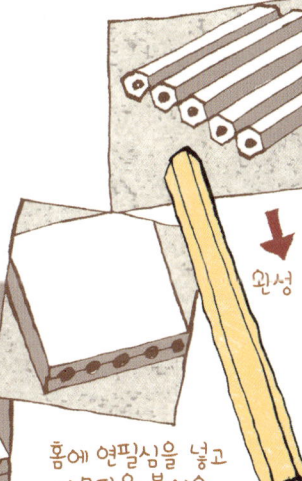

흑연과 점토를 물과 섞어 반죽을 해요.

반죽된 것을 국수처럼 뽑아내요.

완성

막대 모양의 연필심을 높은 온도로 구워요.

두 장의 나무판에 연필심을 넣을 수 있도록 홈을 파요.

홈에 연필심을 넣고 나무판을 붙여요.

지우개 달린 연필 등장

1758년 화가인 하이만 리프먼은 연필 끝에 지우개를 꽂아 쓰다가 친구의 권유로 특허를 냈어요. 당시 연필을 대량 생산하던 독일의 파버 카스텔 사는 연필 지우개를 외면했어요. 하지만 미국에서는 날개 돋친 듯이 팔렸지요.

47. 편리한 글쓰기, 볼펜

볼펜보다 먼저 세상에 나온 것은 만년필이었어요.

만년필은 1883년 보험 외판원이었던 루이스 에드슨 워터맨이 발명했어요. 하지만 날카로운 펜촉으로 글을 쓰자니 종이가 자꾸 찢어졌어요. 신문기자로 일을 하던 라데스라오 비로는 이보다 좀 더 편리한 필기도구를 만들어야겠다고 생각했어요. 그는 잉크가 들어 있는 튜브 끝에 작은 볼을 달아보기로 했어요. 동그란 볼이 굴러 글씨를 쓴다면 종이도 찢어지지 않고 글씨도 부드럽게 써질 것 같았어요.

그러나 잉크가 볼 사이로 흘러 종이를 망쳐 버렸어요. 비로는 동생인 화학자 게오르그에게 잉크가 흐르지 않게 하는 연구를 부탁했어요. 1938년 동생의 연구가 성공하여 특허를 받게 되었어요. 연필과 펜의

볼펜도 똥을 싸?

볼펜을 쓰다 보면 잉크가 뭉쳐 나와 글자를 망쳐 버리는 일이 있어요. 사람들은 이런 잉크 덩어리를 볼펜 똥이라고 해요. 그렇다면 볼펜 똥은 왜 생길까요?
볼펜의 펜 끝에 들어 있는 작은 볼은 종이와 마찰을 하면 회전을 하도록 만들어졌어요. 이때 볼이 끈적끈적한 잉크를 끌어내어 글씨가 써지는 거예요.
그러나 밖으로 나온 잉크가 종이에 묻지 않고 그대로 볼펜 끝에 묻게 되면 볼펜 똥이 되는 거랍니다. 이런 단점을 없애기 위해 잉크가 마르지 않게 만든 것이 수성 볼펜이에요.

48. 오늘의 날씨, 온도계

'지구는 돈다.'라고 한 천문학자 갈릴레오 갈릴레이는 공기가 팽창하고 수축한다는 사실을 일찍이 알고 있었어요. 갈릴레이는 간단하고 기본적인 온도계를 발명했지만 제대로 작동이 되지 않았어요.

1709년 폴란드의 물리학자 파렌하이트는 갈릴레이가 만든 온도계를 좀 더 발전시켜 알코올 온도계를 만들었어요.

하지만 그는 이것보다 훨씬 정확한 수은 온도계를 5년 뒤에 또다시 발명했고, 1715년에는 화씨온도 체계를 개발했어요.

화씨온도에서 물이 어는 온도는 32도(섭씨 0도)이고 끓는 온도는 212도(섭씨 100도)예요.

섭씨온도 체계는 스웨덴의 천문학자 안데르스 셀시우드가

온도계 읽는 법

빨간색 액체가 가리키는 부분을 눈금과 눈금 사이를 10등분해서 읽어요.

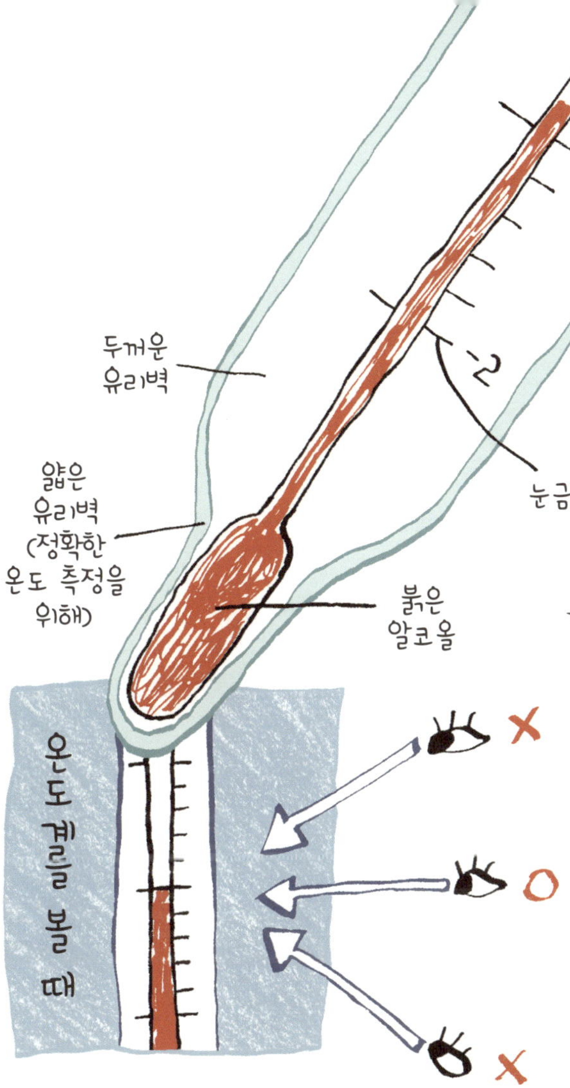

두꺼운 유리벽

얇은 유리벽 (정확한 온도 측정을 위해)

눈금

붉은 알코올

온도계를 볼 때

1742년에 처음 제안했어요.

그는 물이 끓는 온도를 100도로, 물이 어는 온도는 0도로 정하고, 어는점과 끓는점 사이를 100 등분한 섭씨 온도계를 만들었어요.

그 후, 스웨덴의 식물학자 카를 폰린네가 지금 우리가 사용하는 온도 단위로 개정했어요.

지금은 전 세계가 공통으로 물이 어는 온도를 0도로, 물이 끓는 온도는 100도로 정한 섭씨온도계를 사용하고 있어요.

온도계는 측정하는 방법에 따라 여러 종류로 나누어요.

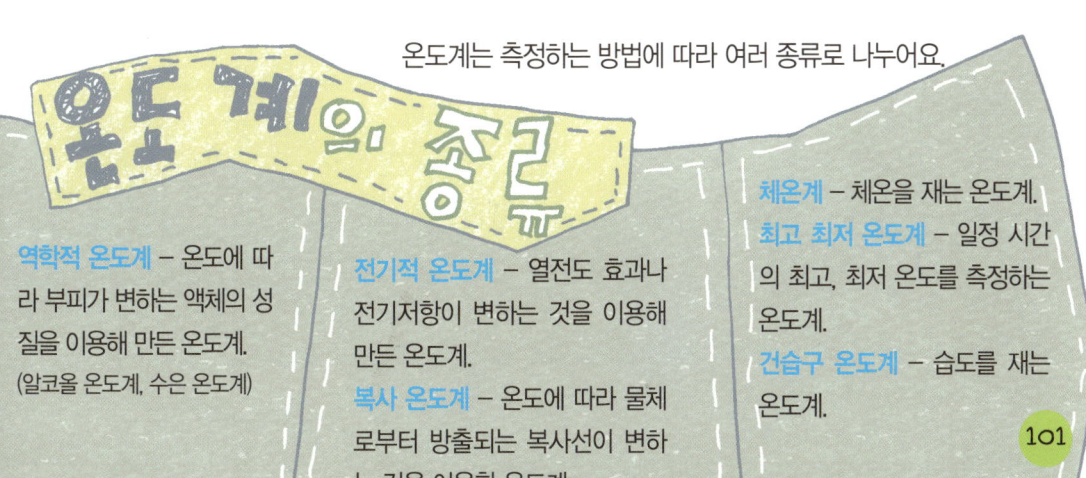

온도계의 종류

역학적 온도계 – 온도에 따라 부피가 변하는 액체의 성질을 이용해 만든 온도계. (알코올 온도계, 수은 온도계)

전기적 온도계 – 열전도 효과나 전기저항이 변하는 것을 이용해 만든 온도계.

복사 온도계 – 온도에 따라 물체로부터 방출되는 복사선이 변하는 것을 이용한 온도계.

체온계 – 체온을 재는 온도계.

최고 최저 온도계 – 일정 시간의 최고, 최저 온도를 측정하는 온도계.

건습구 온도계 – 습도를 재는 온도계.

101

49. 연기가 쑥쑥, 굴뚝

인간은 불을 피우는 방법은 알아냈지만 연기를 어떻게 처리할지에 대해서는 몇 천 년 동안 고민해야 했어요.

가장 간단한 방법은 지붕에 구멍을 뚫는 것이었지만 연기가 구멍까지 올라가면서 방 전체에 퍼져 여전히 매운 연기에 시달렸어요. 게다가 비나 눈이 구멍으로 들이치기도 해 다른 방법을 찾아야 했어요.

820년 스위스 장크트갈렌 수도원의 베네딕트회 수도사들이 좋은 방법을 생각해냈어요. 그들은 불을 피우는 곳 위에 점토로 된 관을 설치해 연기를 위로 빨아올려 밖으로 내보내는 장치를 만들었어요. 굴뚝이 탄생한 거예요. 이제 모든 가족이 연기에 시달리며 불 하나에 모여들 필요가 없어졌어요. 각 방에 굴뚝이 달린 난로를 둘 수 있었기 때문이에요. 굴뚝은 불이 붙지 않는 벽돌이나 흙을 사용했어요. 벽돌이 없던 시절에는 나무로 만들고 안쪽에 진흙을 발랐어요.

굴뚝이 있으면 불이 잘 붙어요.

태양 굴뚝 발전소

태양 굴뚝 발전은 굴뚝을 이용한 풍력발전소예요. 땅 위에 유리 온실을 만들고 가운데에 굴뚝을 세워요. 태양열을 받아 온실 내부가 데워지면 뜨거운 공기는 굴뚝을 통해 밖으로 나가요. 이때 굴뚝 통로에 풍력 터빈을 설치해 밖으로 빠져나가는 바람의 힘으로 발전을 하는 거예요.

50. 마음대로 딴딴, 시멘트

토목이나 건축에서 모래나 돌과 같은 골재를 접착시키는 물질을 가리켜 시멘트라고 해요.

사람들은 아주 오래전부터 시멘트를 사용했어요.

피라미드에 사용된 시멘트는 석회와 석고를 혼합한 것이었고, 로마 시대에는 석회와 화산재를 혼합한 것이었어요.

1756년 영국의 토목기술자 존 스미턴이 점토를 함유한 석회석을 가열하여 수경성 석회를 만들었고, 1796년 영국의 제임스 파커가 점토질 석회석을 높은 온도에서 구우면 좋은 시멘트가 된다는 사실을 알아냈어요. 1824년에는 영국의 벽돌공 J. 애스프딘이 석회석과 점토를 혼합한 원료를 구워서 시멘트를 만들어 특허를 냈어요. 그런데 겉모양이나

J. 애스프딘이 발명한 시멘트는 현재 우리가 사용하는 근대적인 의미의 시멘트였어요. 시멘트는 실리카, 산화철, 알루미나, 석회 등을 섞어 만들어요.

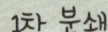

1차 분쇄

채굴

빛깔 등이 포클랜드 섬의 천연석과 비슷해 포틀랜드 시멘트라 불렸어요. 그 후 이 시멘트는 더 많은 연구가 이루어져 우수한 성질이 인정되었고, 마침내 세계 여러 나라로 급속히 보급되었어요.

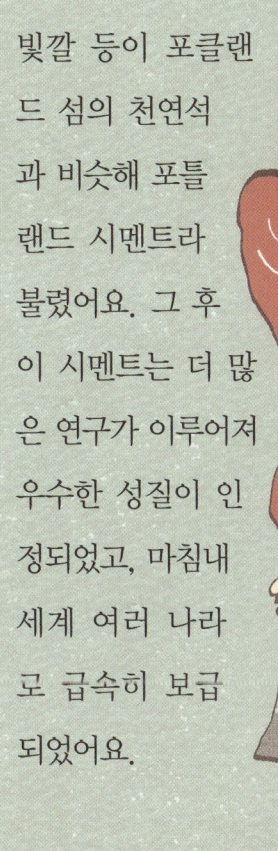

시멘트의 종류

- 기경성 시멘트: 석회, 고토질 석회, 석고, 마그네시아 시멘트
- 수경성 시멘트: 수경성 석회, 로망 시멘트, 천연 시멘트, 포클랜드 시멘트, 알루미나 시멘트
- 혼합 시멘트: 고로 시멘트, 실리커 시멘트, 플라이애시 시멘트, 메조리 시멘트, 팽창성 시멘트, 착색 시멘트
- 특수 시멘트: 내산 시멘트, 초고온 시멘트

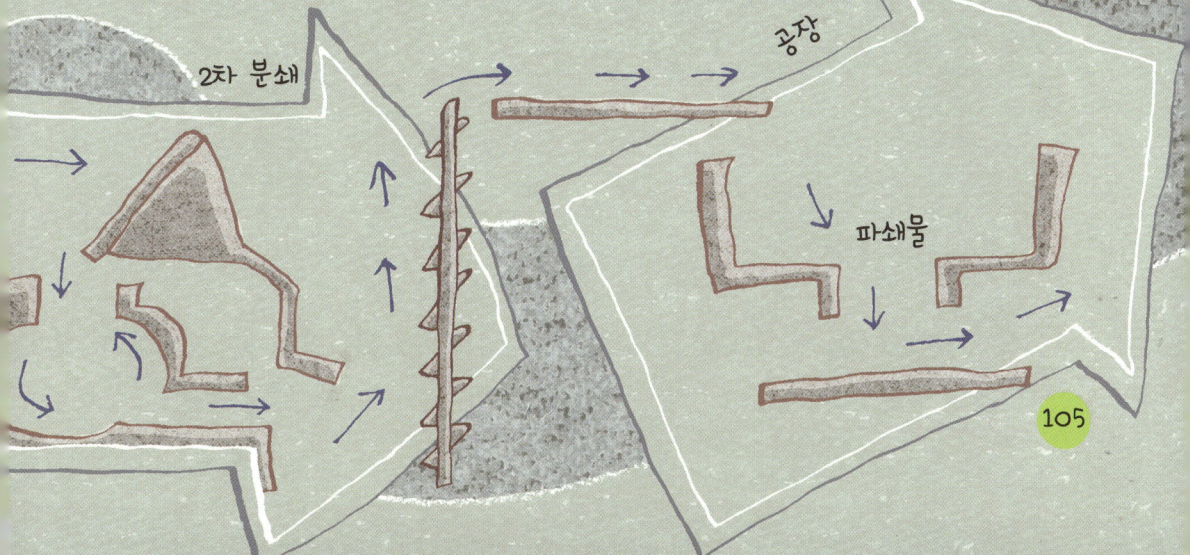

2차 분쇄 / 공장 / 파쇄물

51. 질기고 가벼운 나일론

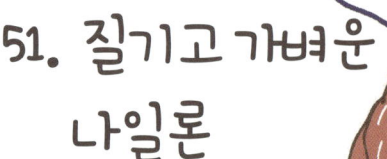

1938년 10월 27일 미국의 화학회사 듀폰이 다음과 같이 발표했어요.
"석탄, 물, 공기로 만든 기적과 같은 신소재. 거미줄보다 가늘지만 강철보다 강하고, 비단보다 우수하다."
이것이 20세기 100대 발명품 중 하나인 나일론이에요.
나일론은 뒤퐁사의 연구원인 월리엄 흄 캐러더스가 발명했어요.
캐러더스는 어느 날, 동료들과 합성섬유의 재료로 누가 실을 길게 뽑는지 내기를 했어요.
한 연구원이 폴리에스테르를 유리막대로 찍어 허공에 대고 휘저었어요.
그런데 이때 가늘고 하얀 실이 길게 생겨났어요.
"오! 멋진 현상인데. 하얀 실의 원료는 무엇이지?"
캐러더스가 동료에게 실이 만들어진 원료가 무엇인지 물어보았어요.
"석탄에서 뽑아낸 벤젠에 물 약간을 넣고 휘저었더니 이런 실이 생겼어."

행운 나일론

캐러더스는 동료의 대답에 힌트를 얻어 연구에 들어갔어요.

그리고 석탄에서 뽑아낸 벤젠과 물 그리고 공기의 섞는 비율을 찾아내 나일론을 만들었어요.

나일론으로 첫 번째 만든 제품은 칫솔이었어요. 그 전에는 돼지털로 칫솔을 만들었는데 털이 잘 빠지고, 이 사이에 끼어 불편했어요.

나일론의 명성을 확립해 준 상품은 여성용 스타킹이에요. 1940년 5월 15일, 최초 시판 일에는 수십만 개가 금세 동이 났어요. 간신히 스타킹을 구입한 여성들이 기뻐하며 즉석에서 치마를 걷어 올리고 신어 보는 진풍경을 벌이기도 했다는군요.

기적의 섬유 나일론

질겨요.   가벼워요.   방수가 뛰어나요.

52. 숫자가 있어 편리해, 아라비아 숫자

현재 우리가 사용하고 있는 아라비아 숫자는 누가 만들었을까요?

1,400여 년 전 인도에서는 1에서 9까지 숫자와 0이라는 새로운 숫자까지 만들어 사용하고 있었어요.

이때 아라비아 상인들이 중국이나 인도를 드나들며 무역을 하고 있었어요.

아라비아 상인들은 이 편리한 숫자를 배워 갔어요. 이 때문에 '아라비아 숫자'라는 이름이 붙어졌어요.

아라비아 숫자가 나오기 전부터 사람들은 수를 사용하고 있었어요. 숫자에 대한 최초의 기록은 원시시대의 흔적에서도 찾아볼 수 있어요.

당시에는 숫자가 없기 때문에 손가락이나 발가락을 이용해 수를 나타냈어요.

하지만 많은 수를 세어야 할 때는 안타

> 숫자는 수메르 사람들이 처음 만들었어요.

진흙판

> 손가락으로 표시하는 십진법이에요.

중세유럽에서 사용했던 '셈 막대'예요.

깍게도 어쩔 도리가 없었어요.

별 수 없이 나뭇가지나 동물의 뼈, 돌 등으로 표시를 했어요.

물건을 세는 단위는 여러 가지가 있어요.

연필 한 다스는 12자루, 일 년은 12달처럼 12를 한 단위로 나타내는 방법을 12진법이라 하고, 1분은 60초, 1시간은 60분과 같이 60을 한 묶음으로 하여 자릿수를 올려가는 방법은 60진법이라고 해요.

아라비아 숫자는 10을 한 단위로 하여 덧셈, 뺄셈, 곱셈, 나눗셈 등 계산을 해요. 12진법이나 60진법보다 쉽고 편리해 많이 쓰이고 있어요.

잉카에서 사용한 셈 노끈이에요. '키푸'라고 해요.

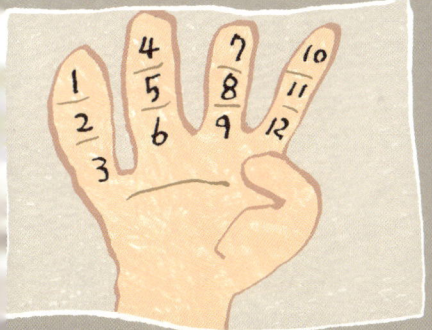

손가락과 10진법

사람들은 가장 손쉽게 손가락을 사용해 셈을 했어요. 우리의 기본수가 10이 된 데는 손이 중요한 역할을 했어요. 만약 손가락이 8개였다면 지금 8진법을 쓰고 있을지도 몰라요.

53. 방향을 정확하게, 나침반

나침반은 종이, 화약과 더불어 중국의 3대 발명품이에요.

중국에서 최초로 나침반을 사용한 시기는 기원전 4세기로 추정돼요. 당시 저술된 〈귀곡자〉를 보면 길을 잃지 않기 위해 '사남'을 사용했다는 기록이 있는데, 많은 학자들이 이것을 최초의 나침반으로 보고 있어요.

중국의 나침반은 12세기경 무역을 하던 아랍인들을 통해 유럽으로 전해졌어요.

나침반이 없었을 때는 별을 보고 길을 찾았어요.

하지만 날이 흐리거나 별이 보이지 않을 때는 길을 찾을 수가 없었어요.

1745년 영국의 발명가 고원 나이트는 자성을 띤 철로 나침반을 만들었어요.

영국 해군은 이 나침반을 군함에 설치하기도 했어요.

나침반 덕분에 콜럼버스나 마젤란 같은 탐험가들은 별이 보이지 않아도 넓은 바다에서 길을 찾아 신대륙을 발견할 수 있었어요.

54. 가장 오래된 무기, 활

활과 화살이 언제 어디서 발명되었는지는 알 수가 없어요. 너무 오래전부터 사용을 해왔기 때문이기도 하지만 단순히 생활의 도구로도 사용되었기 때문이에요.

원시시대에는 사냥 도구로, 고대와 중세에는 뛰어난 전쟁 무기로 사용되었어요. 현대에는 스포츠로 즐기고 있어요.

우리나라는 원시 시대부터 수천 년 동안 활을 사용해 왔어요. 지금 우리가 사용하는 작고 가벼운 활은 고구려 시대에 쓰던 활이에요. 시위를 걸어 놓은 것을 '얹은 활'이라 하고, 시위를 풀어놓은 것을 '부린 활'이라고 해요. 부려놓은 활은 양 끝이 서로 닿을 만큼 휘지요.

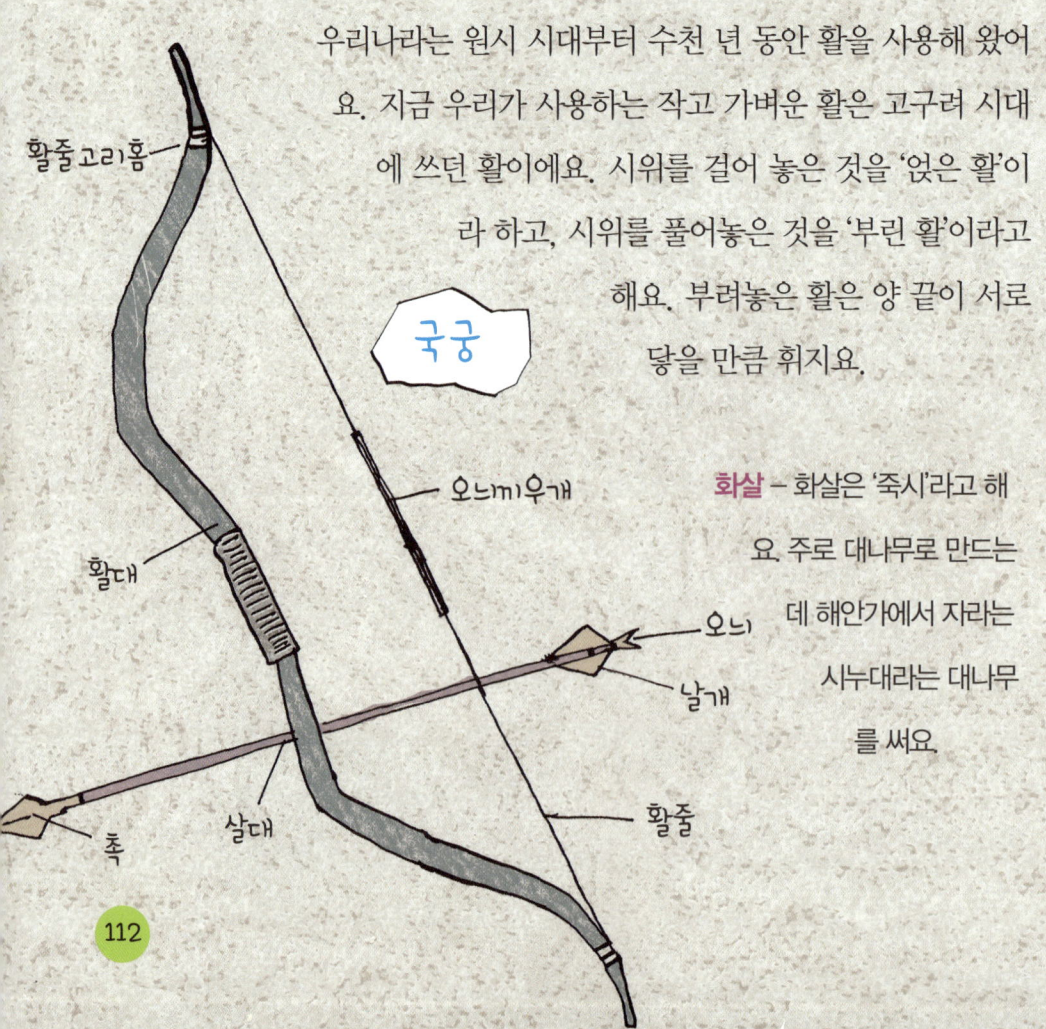

화살 – 화살은 '죽시'라고 해요. 주로 대나무로 만드는데 해안가에서 자라는 시누대라는 대나무를 써요.

깍지 – 활을 쏠 때 엄지손가락을 시위에 걸고 검지와 중지로 쏴요. 이때 엄지에는 덮개를 끼고 쏘아요. 이 덮개를 깍지라고 해요.

전통 – 화살을 넣는 통을 말해요. 종이나 대나무로 만들어요.

국궁 – 조준기가 없으며, 145m의 고정 사거리를 두고 과녁 안 어디에나 맞추어도 명중으로 간주해요.

양궁 – 조준기가 달려 있으며 최대 사거리는 90m로 하고 있어요. 화살이 과녁판에 맞는 위치에 따라 점수가 매겨져요.

컴파운드 활 – 유리 섬유로 되었으며 알루미늄으로 만든 것도 있어요. 길이는 대개 66cm이며 각자의 체력에 맞는 것을 사용해요.

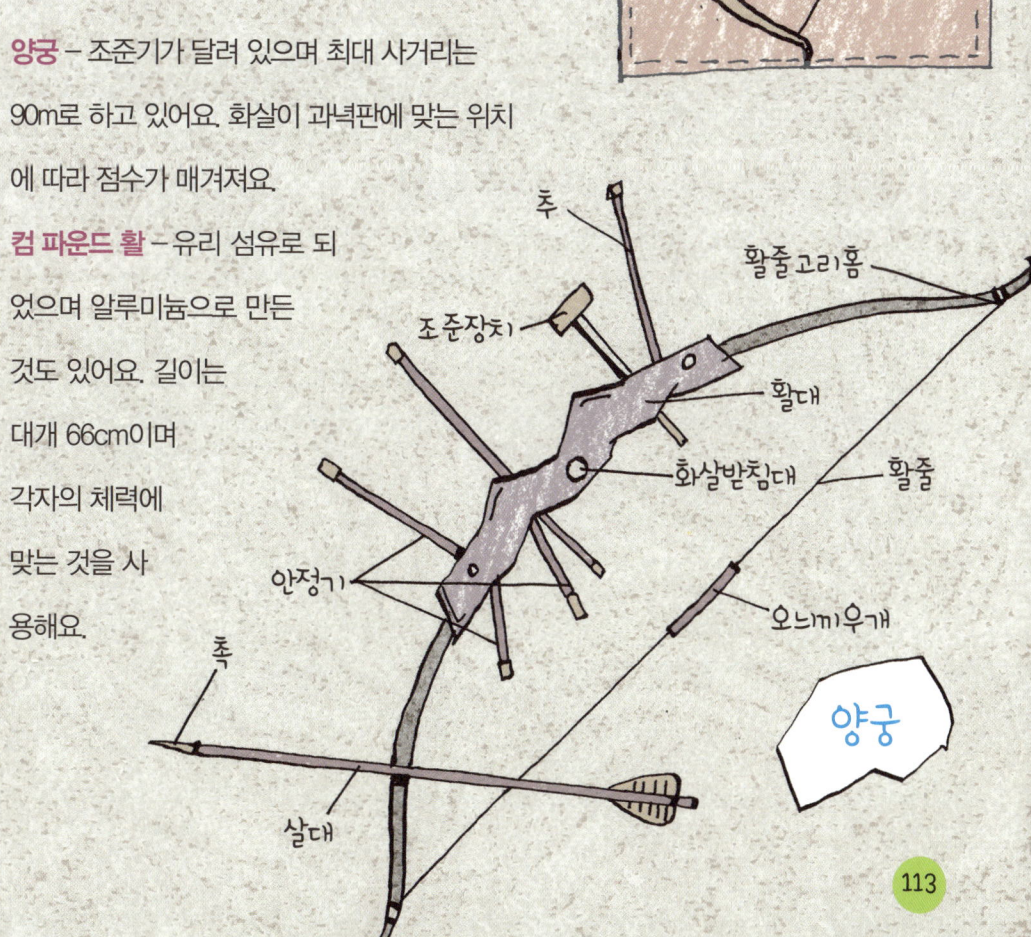

화살은 탄력과 외력을 받아 발사되어요.

탄력 / 외력

추, 활줄고리홈, 조준장치, 활대, 화살받침대, 활줄, 안정기, 오느끼우개, 촉, 살대

양궁

55. 지식을 널리 널리, 인쇄술

문자가 없을 때는 동굴, 바위, 동물의 뼈, 나무 등에 그림을 그리거나 조각을 해 자신의 생각을 전했어요. 하지만 이런 방법으로는 정보를 제대로 전달하기가 어려웠어요. 인쇄술이 등장하자 책을 만들어 정보를 전달하고 대량으로 책을 생산할 수가 있게 되었어요.

처음에는 목판 인쇄를 했어요. 판판한 나무판에 인쇄할 내용을 새겨 잉크를 바른 다음 종이를 대고 눌러 찍었어요. 751년 신라시대에 만들어진 무구정광대다라니경은 현재 남아 있는 목판 인쇄물 중 세계에서 가장 오래된 거예요.

독일의 구텐베르크는 1450년에 금속 활자와 포도즙 짜는 틀을 개조하여 금속 활판 인쇄기를 발명했어요.

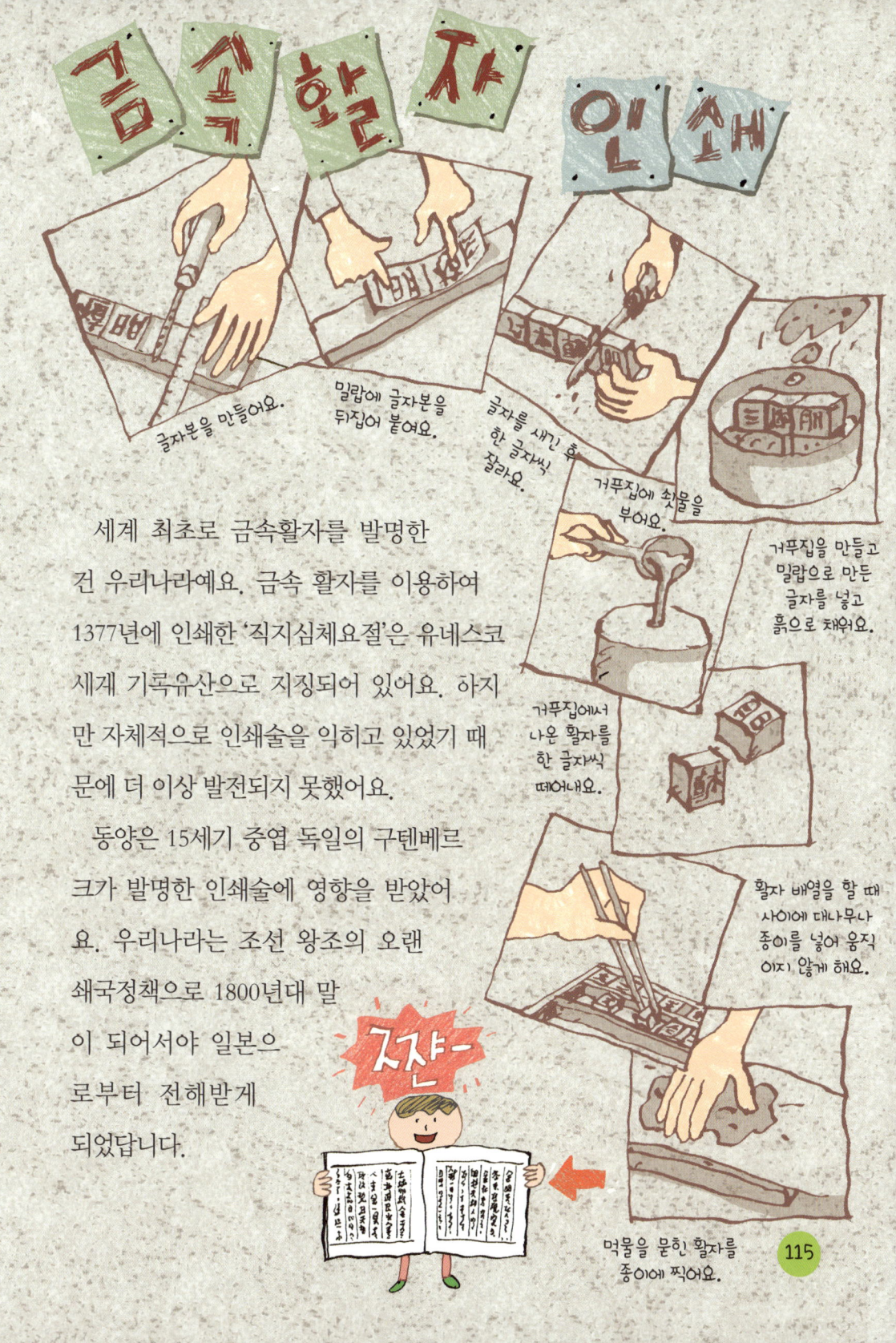

금속활자 인쇄

세계 최초로 금속활자를 발명한 건 우리나라예요. 금속 활자를 이용하여 1377년에 인쇄한 '직지심체요절'은 유네스코 세계 기록유산으로 지정되어 있어요. 하지만 자체적으로 인쇄술을 익히고 있었기 때문에 더 이상 발전되지 못했어요.

동양은 15세기 중엽 독일의 구텐베르크가 발명한 인쇄술에 영향을 받았어요. 우리나라는 조선 왕조의 오랜 쇄국정책으로 1800년대 말이 되어서야 일본으로부터 전해받게 되었답니다.

56. 세상을 밝히는 불, 전구

전구가 등장하기 전에는 등잔, 양초, 램프 같은 것으로 어둠을 밝혔어요.

최초의 전구를 발명한 사람은 영국의 화학자 험프리 데이비였어요.

하지만 이 전구는 촛불 4,000개에 해당하는 엄청난 밝기 때문에 가정용으로는 적합하지 않았어요. 그래서 등대, 탄광, 가로등, 공장, 기차역 등에서 제한적으로 사용되었어요.

그 후 여러 과학자들이 전구 개선을 위한 연구를 진행했어요.

마침내 1844년 신시내티 출신의 존 웰링턴 스타가 진공관에 들어 있는 탄소 필라멘트로 빛을 내는 전구를 발명했어요.

하지만 수명도 길고 밝기도 적당한 전구를 발명한 사람은 토마스 에디슨이에요. 1879년에 필라멘트를 이용해 만든 것으로 40시간 이상 빛을 낼 수 있었어요.

초기에 만들어진 탄소 필라멘트는 온도가 높아지면 전구 안을 검게 그을렸어요. 이런 단점은 3,000도를 넘어도 변하지 않는 텅스텐 필라멘트로 교체되면서 해결되었어요.

그 후 다시 필라멘트를 용수철 모양으로

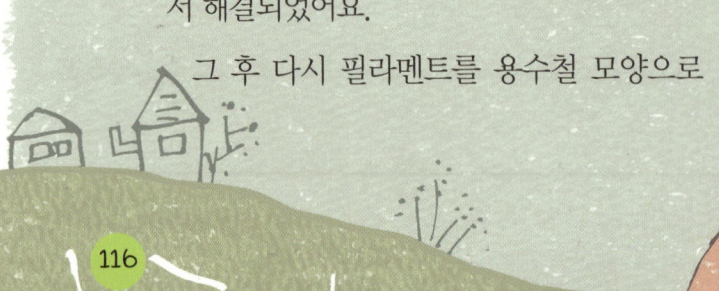

전구의 원리

바꾸면서 밝고 경제적인 전구로 발전되어갔어요.

　우리나라에서는 1887년에 경복궁에 처음 전기가 설치되었어요. 동양에서 가장 먼저 설치된 전기시설이었지요. 이때는 향원정 연못의 물을 끌어들여 석탄을 연료로 하여 발전기를 돌렸어요. 당시의 발전기가 돌아가는 소리가 마치 천둥소리만큼 요란한 데다, 잘 꺼지고 비용도 많이 들어, 사람들은 건달 같다고 생각해 '건달불'이라고 불렀다는군요.

아르곤가스
필라멘트
전선
꼭지쇠

텅스텐으로 만든 필라멘트는 3,000℃까지 온도가 올라가요.

57. 쓱쓱 기록하기, 종이

중국의 채륜은 나무껍질, 마, 헌 어망 등으로 종이를 만들었어요. 채륜은 현대의 초지법★과 비슷한 종이 제조법을 썼어요.

그 보다 중국에서는 풀솜 찌꺼기로 종이를 제조하는 방법이 있었어요. 그러므로 채륜은 종이 발명자라기보다는 종이 기술을 최종적으로 개량한 완성자라고 말할 수 있어요.

당나라 때는 종이에 물감을 입혀 색종이를 생산했어요.

인쇄술이 발달되면서 종이의 생산은 급격히 늘어났고 종이의 질도 좋아졌어요.

고대 이집트 사람들은 나일강 유역에서 자라는 파피루스라는 풀을 얇게 벗겨 세로로 겹쳐 놓고 압력을 가해 납작하게 만든 다음 그 위에 글과 그림을 그려 넣었어요. 그러나 파피루스는 풀 고유한 상태로 만들었기 때문에 제지기술과는 상관이 없어요. 오늘날 우리가 쓰고 있는 종이는 한지와 양지로 나눌 수 있어요.

한지는 수부지와 기계한지로 나눠요.

수부지 – 사람의 손으로 여러 단계를 거쳐 만드는 종이를 말해요.

기계한지 – 수부지와 방법은 같지만 기계로 대량생산을 해요.

★**초지법** – 나무껍질, 마 등을 절구에 찧은 다음 물을 섞어 종이를 만드는 방법.

58. 정확한 무게를, 저울

BC 5,000~BC 4,000년경의 고대 이집트의 벽화에는 오늘날의 천칭과 거의 같은 저울의 그림이 그려져 있어요. 중앙을 끈으로 고정하고 양 옆으로 접시를 달아 한쪽에는 추를 놓고 다른 한쪽에는 무게를 다는 물건을 놓고 저울질을 했어요. 계속 발전된 천칭은 주로 귀금속·보석 또는 의약제 등을 계량하기 위하여 사용되었어요.

하지만 천칭은 언제나 계량하고자 하는 물체와 같은 무게의 추가 필요할 뿐 아니라 양쪽 무게를 지탱할 수 있는 튼튼한 지렛대가 필요해 큰 물체의 무게를 재기가 어려웠어요.

저울의 종류가 이렇게 많아요.

용수철 저울	양팔 저울	윗접시 저울	전자 저울	체중계
주로 가벼운 물건을 잴 때 사용	두 개의 물건을 비교할 때 사용	가루 같은 물질을 잴 때 사용. 따로 분동이 있어요	귀금속을 잴 때 사용	몸무게를 잴 때 사용

그래서 접시에 물체를 올려놓고 다른 쪽에 있는 추를 옮겨 가면서 수평을 잡은 후, 수평이 되었을 때의 추의 무게와 막대의 눈금을 따져서 물체의 무게를 재는 대저울이 발명되었어요.

1770년경 영국에서는 힘을 주면 용수철이 늘어나는 원리를 이용한 용수철저울이 사용되었어요.

우리나라에서도 돌로 만든 저울추, 끈이 달린 천칭이 전하여 내려오는 것으로 보아 선사시대부터 저울을 사용했다는 것을 알 수 있어요.

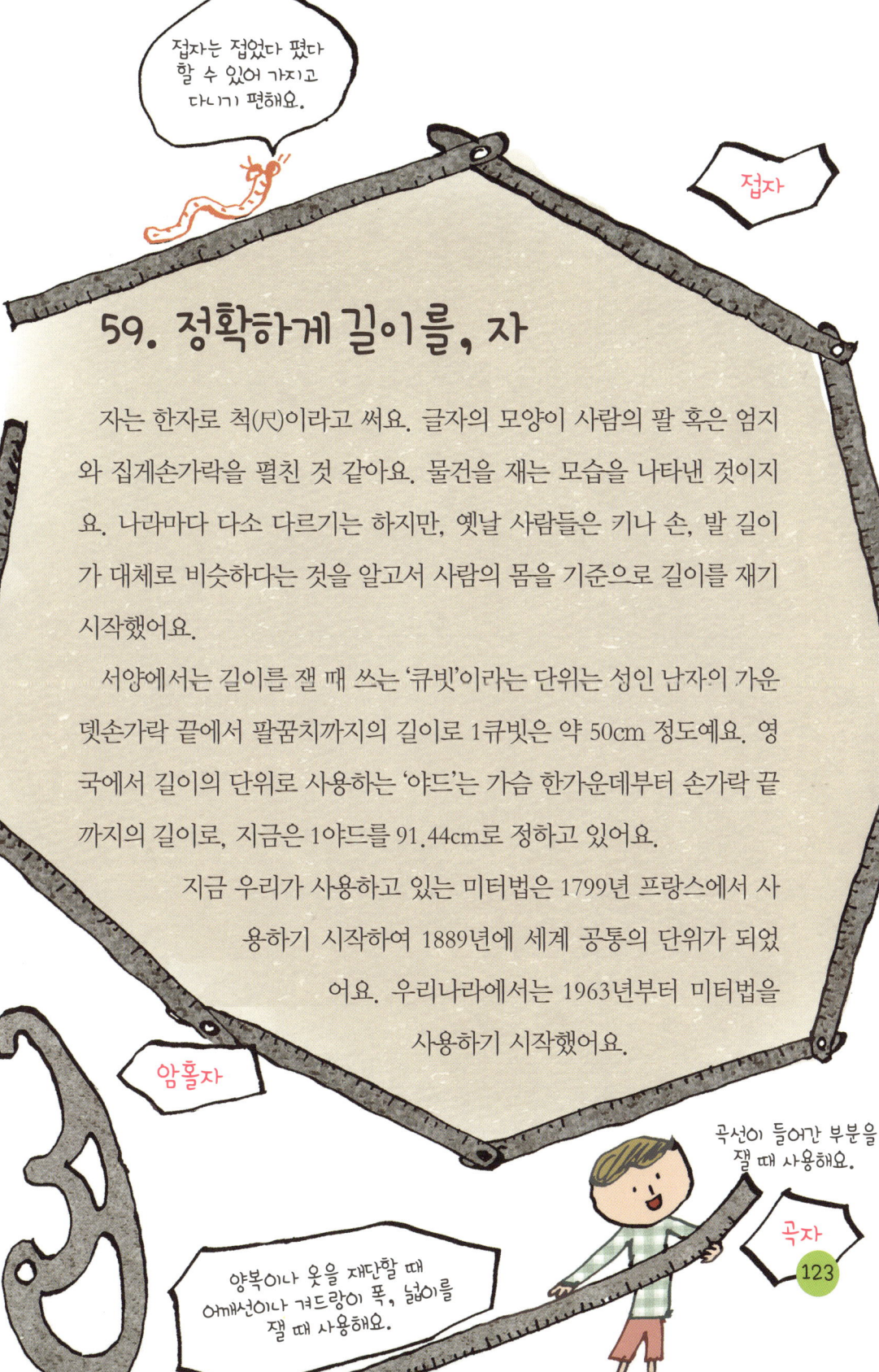

접자는 접었다 폈다 할 수 있어 가지고 다니기 편해요.

접자

59. 정확하게 길이를, 자

자는 한자로 척(尺)이라고 써요. 글자의 모양이 사람의 팔 혹은 엄지와 집게손가락을 펼친 것 같아요. 물건을 재는 모습을 나타낸 것이지요. 나라마다 다소 다르기는 하지만, 옛날 사람들은 키나 손, 발 길이가 대체로 비슷하다는 것을 알고서 사람의 몸을 기준으로 길이를 재기 시작했어요.

서양에서는 길이를 잴 때 쓰는 '큐빗'이라는 단위는 성인 남자의 가운뎃손가락 끝에서 팔꿈치까지의 길이로 1큐빗은 약 50cm 정도예요. 영국에서 길이의 단위로 사용하는 '야드'는 가슴 한가운데부터 손가락 끝까지의 길이로, 지금은 1야드를 91.44cm로 정하고 있어요.

지금 우리가 사용하고 있는 미터법은 1799년 프랑스에서 사용하기 시작하여 1889년에 세계 공통의 단위가 되었어요. 우리나라에서는 1963년부터 미터법을 사용하기 시작했어요.

암홀자

양복이나 옷을 재단할 때 어깨선이나 겨드랑이 폭, 넓이를 잴 때 사용해요.

곡선이 들어간 부분을 잴 때 사용해요.

곡자

60. 멀리 있는 것도 가깝게, 망원경

1608년 네덜란드의 안경 제조업자인 리프세는 우연히 오목렌즈와 볼록렌즈를 적당한 간격에 두고 보게 되었어요. 그런데 놀랍게도 멀리 보이던 물체가 가깝게 보이는 거였어요.

이 사실을 전해 들은 갈릴레이는 볼록렌즈와 오목렌즈를 조합한 망원경을 만들었어요. 1610년에는 이 망원경으로 목성, 금성, 달 등을 관찰함으로써 갈릴레이는 인류 최초로 망원경을 이용해 천체를 관측한 사람으로 기록되었어요.

망원경으로 천체를 본 그는 목성 주위를 도는 네 개의 위성을 발견하였고, 금성의 모습이 달처럼 변한다는 사실도 알게 되었어요.

갈릴레이식 망원경 – 볼록렌즈로 빛을 모으고 오목렌즈로 상을 확대해 보는 형식이에요.

케플러식 망원경 – 대물렌즈와 접안렌즈를 모두 볼록렌즈로 만들었어요. 갈릴레이식 망원경과는 다르게 상이 상하좌우로 뒤바뀌어 보이지만 안정되고 시야가 넓게 보여요. 굴절 망원경을 대표하는 망원경이에요.

반사망원경 – 뉴턴은 렌즈 대신 거울을 사용해 발명했어요. 빛을 오목거울을 통해 반사시켜 한 점에 모으고 상을 맺게 한 후 접안렌즈로 그 상을 확대해서 보는 망원경이에요.

61. 옷매무새를 단정하게, 단추

BC 6,000년 전 고대 이집트 사람들은 두 개의 옷자락을 뼈나 금속핀 등으로 찔러 여미었어요. BC 1세기에는 두 개의 금속 고리를 연결하는 방식이 등장했어요. 그 후, 구슬 모양의 금속 단추를 루프 형태의 고리에 끼우는 단추가 등장했는데, 마치 꽃봉오리 같은 모습을 지녔다 해서 라틴어로 'bouton'이라 부르던 것이 버튼(button)이 되었어요.

유럽의 귀족들은 금이나 은으로 단추를 만들어 자신의 신분이나 지위를 나타냈어요. 1770년 독일의 위스터는 단추 제조기를 발명하여 대량으로 단추를 생산했어요.

우리나라에서는 조선시대 저고리 위에 덧입는 마고자나, 공관들이 입는 공복에 단추가 사용되었어요. 갑오개혁 이후부터는 일반인에게도 널리 보급되었어요. 똑딱단추라 불리는 금속 단추는 암단추와 수단추를 끼워 옷을 고정시키는 획기적인 발명품이에요. 요즘은 금속이나 유리는 물론 자연에서 나는 천연재료로도 다양한 단추를 만들어요.

> 단추는 BC 6,000년 전 고대 이집트에서 태어났어요. 그때는 뼈나 금속핀으로 옷을 꿰고 다녔어요. 옷이 흘러내리거나 흐트러지지 않도록 여미는 정도였지요.

62. 있는 그대로 보내기, 팩시밀리

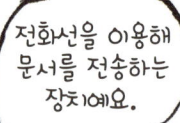

전화선을 이용해 문서를 전송하는 장치예요.

팩시밀리는 전화선을 이용해 문자 그림 도표 사진 등의 정보를 전송하는 전자제품으로 대부분 팩스라고들 말해요. 팩스는 전화보다 무려 30년이나 빨리 발명되었어요.

1846년 알렉산더 베인이 구멍이 뚫린 종이를 이용해 시간당 400 단어를 전송할 수 있는 전신기를 만들었어요.

베인이 만든 원리를 바탕으로 1865년 조반니 카셀리가 최초로 팩스를 만들었어요.

카셀리의 고객들은 아주 얇은 주석판에 비전도성 잉크로 메시지를 썼고, 카셀리의 팩스는 이 주석판을 바늘로 읽은 후 상대방 도시로 보냈어요.

현재 사용하는 팩스는 실제 이미지를 전자 신호로 변환하는 스캐너와, 전화선을 통해 외부와 신호를 주고받는 모뎀, 그리고 전자 신호를 다시 실제 이미지로 변환해 용지에 인쇄하는 기록장치로 구성되어 있어요.

63. 고통을 없애자, 마취제

고통을 잊는다면 행복해질까요?
1799년 영국의 과학자 험프리 데이비는 실험실에서 우연히 재미있는 발견을 했어요. 실험실에 있던 아산화질소를 마셨는데 기분이 몽롱해지면서 기분이 좋아졌던 거예요.
'아산화질소를 마시니 기분이 좋아지네.'
험프리 데이비는 아산화질소를 파티에서 이용해 보았어요. 그런데 아산화질소를 마시던 친구 한 명이 넘어져도 고통을 느끼지 않는 것을 보았어요. 하지만 한참 후에 친구는 아픔을 호소했어요. 험프리 데이비는 좋은 생각이 떠올랐어요.
'그래 바로 이거야. 아산화질소를 마취제로 쓰면 좋겠구나.'
1845년 미국의 의사 웰즈는 아산화질소에 색

기체 연구소

험프리데이비는 아산화질소라는 새로운 기체를 연구하고 있었어요.

우연히 기체를 들이마신 험프리데이비가 웃기 시작했어요.

험프리데이비는 아산화질소에 기분 좋게 하는 성질이 있다는 것을 알았어요.

과 향을 넣어 새로운 마취제를 개발했어요.

치과 의사 모턴은 아산화질소보다 더 강력한 에테르를 사용한 마취제를 만들었어요. 에테르는 수술할 때 고통 없이 할 수는 있었지만 부작용이 많았어요.

1847년에는 산부인과 의사 심프슨이 '클로로포름'이라는 마취제를 발명했어요. 에테르에 비해 마취효과가 좋았지만, 증기를 흡입하면 대뇌를 마비시키는 작용이 있어 큰 수술을 할 때만 사용되었어요.

마취약이 없었을 당시는 쇠사슬로 묶거나 뒤통수를 때려 기절을 시킨 다음 수술을 했다고 해요. 참으로 무시무시한 방법이었죠?

64. 빵을 간단하고 쉽게 굽자, 토스터

번거로운 식사를 간단하게 해결할 수 있는 방법!
구운 식빵 즉, 토스트겠죠?
토스트를 만들기 위해서 만들어진 기계가 바로 '토스터'이지요.
바쁜 현대 사회에서 빼놓을 수 없는 토스터는, 미국 미네소타주 스틸워터란 마을의 작은 공장에서 일하던 스트라이트가 발명했어요.
스트라이트는 작업을 하다 쉬는 시간에 휴게소에서 토스트를 시켜 먹곤 했어요. 하지만 짧은 시간에 쫓겨 항상 허겁지겁 먹어야 했어요. 게다가 열 조절이 불가능해 탄 토스트를 먹는 일이 많았어요.

'태우지 않고 맛있게 구울 수 있는 기계를 내가 만들어 볼까? 기술자인 내가 못 만들 게 있나?'

스트라이트는 그날부터 연구에 몰두했어요.

'식빵의 양면을 동시에 굽는 기계를 만들어야겠어.'

얼마 후, 스트라이트는 시간 장치를 부착하여 식빵이 다 구워지면 스프링에 의해 저절로 튀어나오는 기계를 발명했어요. 사람들은 신기한 물건을 보기 위해 구름처럼 몰려들었어요. 이후 전기 토스터는 1909년 7월, 전기 히터 회사인 제너럴 일렉트릭 사에서 생산하여 판매하기 시작했어요.

현재 우리가 쓰고 있는 전기 토스터는 흡입형으로 시간이 되면 빵이 자동으로 튀어나와요.

익은 빵

빵 사이에 열선이 있어 빵을 구워요

구워지는 빵

열선

앞면

옆면

막 구운 따뜻한 빵이에요.

65. 일자보다는 십자로, 십자나사못

조그만 전파상에서 일하던 미국인 헨리 필립스는 1920년 어느 날, 라디오를 수리하다가 닳아 버린 일자나사못과 씨름하게 되었어요.
'나사못이 닳아 뺄 수가 없네. 무슨 좋은 방법이 없을까?'
그때 기발한 생각이 떠올랐어요.
'옳지! 홈을 하나 더 파 십자(+)로 만들면 되겠군.'
이때부터 필립은 일자나사못에 줄을 하나 더 파 십자나사못으로 만들어 작업을 하기 시작했어요. 십자나사못은 일자나사못에 비해 빼거나 박을 때 훨씬 수월했어요. 필립스는 십자드라이버도 만들었어요.
1933년, 필립스는 자신의 발명품으로 세계 각국에 특허를 냈어요. 그리고 자신의 이름을 따 '필립스'를 세웠어요. '필립스'는 세계적인 회사로 성장했어요.

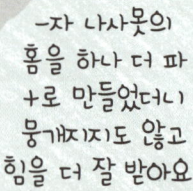

−자 나사못의 홈을 하나 더 파 +로 만들었더니 뭉개지지도 않고 힘을 더 잘 받아요.

 일자

 십자

 삼각

 사각

 삼거

66. 지우면서 쓰기, 지우개 달린 연필

연필과의 짝은 두말할 것 없이 지우개라는 것쯤은 다 알고 있겠죠?

지우개는 1770년 산소와 암모니아를 발견한 영국의 화학자 조지프 프리스틀리에가 발명했어요. 그는 우연히 고무 덩어리를 주워 연필로 쓴 글씨를 지워 보았는데 놀랍게도 깨끗하게 지워지는 것을 보았어요. 이때에는 연필로 쓴 글씨는 빵조각으로 문질러 지웠어요.

지우개 달린 연필을 탄생시킨 사람은 미국의 가난한 화가 하이멘 립먼이에요. 사람들에게 초상화를 그려주는 일을 하던 하이멘 립먼은 자주 지우개를 잃어버렸어요. 그는 여러 개의 지우개를 사둘 형편이 못되어 난감했어요.

그런데 어느 날 문득, 거울에 모자를 쓴 자신의 모습이 비친 것을 보았을 때 기발한 아이디어가 떠올랐어요.

'연필 머리에 모자처럼 지우개를 얹어 사용하면 지우개를 잃어버리는 일이 없겠군.'

하이만은 얇은 양철 조각을 조그맣게 잘라 지우개를 연필 끝에 단단히 묶었어요. 지우개 달린 연필은 1867년 7월 드디어 특허를 받았어요.

하이멘 립먼은 리버칩이라는 연필회사에

67. 상처 감싸기, 밴드 반창고

어얼 딕슨은 외과 치료용 테이프를 판매하는 존슨이라는 회사에 근무하고 있었어요.

딕슨의 부인은 요리를 하다가 자주 손을 다쳤어요. 어느 날 그는 부인의 손에 붕대를 감아 주며 생각했어요.

'내가 없을 때도 부인이 직접 치료할 수 있도록 반창고를 만들어야겠어.'

다음 날, 딕슨은 회사에서 가져온 한쪽 면이 끈끈한 치료용 테이프를 책상 위에 올려놓았어요. 그러고는 거즈 한 조각을 테이프 중간에 얹었어요. 하지만 보관을 어떻게 하느냐가 문제였어요.

딕슨은 곰곰이 생각했어요.

딕슨은 끈끈한 테이프 부분을 씌워 두었다가 사용할 때만 떼어낼 수 있는 뻣뻣한 천을 붙였어요. 마침내 멋진 밴드 반창고가 탄생되었어요.

부인은 혼자서도 상처를 치료할 수 있게 되었어요.

딕슨이 다니는 존슨은 밴드 반창고를 대량으로 생산하여 큰돈을 벌었어요. 딕슨은 회사의 부회장이 되었고 많은 보상을 받았어요.

68. 빨아 마시기 쉬운 빨대

빨대가 있으면 덜컹거리는 차 안에서도 편안하게 마실 수 있지요.

기원전 3,500년경 수메르 사람들은 볏짚으로 만든 빨대로 맥주를 마셨어요. 발효한 뒤에 남은 덩어리에서 씁쓸한 맛이 났기 때문이에요.

인공적으로 만든 빨대를 만든 사람은 미국의 마빈 스톤이라는 평범한 노동자였어요. 그는 담배 공장에서 담배 마는 일을 했어요.

1888년, 술집에 들러 술을 마시던 마빈 스톤은 위스키 잔에 꽂힌 밀집 빨대가 눈에 띄었어요. 위스키 잔에 손을 대면 온도가 올라가는 것을 막기 위해 빨대를 꽂아놓았던 거예요.

마빈 스톤은 빨대로 술을 마시면서 생각했어요.

'밀집에서 나는 냄새 때문에 술맛이 나지 않는군. 밀집을 대신할 만한 것이 없을까?'

그는 문득 빨대 모양이 자신이 늘 만지는 종이 담배와 비슷하다는 데에 생각이 미쳤어요.

'담배의 내용물만 없다면 빨대가 되겠군. 종이를 둥글게 말아 쓰면 되겠는 걸.'

생각을 실천에 옮기는 일은 참으로 쉬웠어요.

단순히 종이를 말아 접착제로 붙이기만 하면 되었으니까요.

다음 날 마빈 스톤은 종이를 말아 접착제로 붙인 빨대를 들고 술집에 갔어요. 밀짚 냄새가 나지 않는 종이 빨대의 인기는 대단했어요. 마빈 스톤은 이 조그만 발명품을 상품으로 만들어 팔았어요. 빨대는 날개 돋친 듯 팔려 나갔어요. 빨대 공장이 세워지고 스톤은 기업주가 되었어요. 마빈 스톤의 빨대가 약 50년 동안 인기를 누리고 있는 동안, 빨대의 새로운 발명품이 등장했어요.

1936년 미국의 프리드만은 딸이 침대에 누워 종이 빨대로 밀크쉐이크를 먹기 위해 애쓰는 모습을 보고 구부릴 수 있는 주름 빨대를 만들었어요.

주름 빨대는 특히 병원에 있는 환자들에게 인기가 많았어요.

69. 한 번만 쓰기, 일회용 컵

종이컵이 나오기 전에는 기차나 배에서는 구리 컵이나 도자기 컵을 사용했는데, 여러 사람이 사용하다 보니 위생에 문제가 많았어요.

한 번만 쓸 수 있는 종이컵은 위생과 전염병 예방에 탁월한 효과가 있어요. 바쁜 현대인들은 음료자판기를 애용합니다. 음료자판기에는 종이컵이 꼭 필요해요.

종이컵은 음료자판기 때문에 태어났어요.

1907년 미국의 하버드 대학에 다니고 있던 휴 무어는 형이 발명한 음료자판기에 필요한 컵을 연구하고 있었어요.

당시 형이 만든 음료자판기에 사용되는 컵은 도자기로 만든 거여서 쉽게 깨졌고, 위생에도 좋지 않았어요.

'깨지지 않고 깨끗하게 사용할 수 있는 컵이 없을까?'

휴 무어는 종이로 컵을 만들어 사용하면 괜찮을 거 같았어요.

하지만 종이는 물에 젖어 쉽게 찢어지는 단점이 있었어요.

'물에 젖어도 찢어지지 않는 종이를 찾으면 되겠군.'

휴 무어는 물에 젖지 않는 종이를 사방으로 찾아다녔어요. 그는 마침내 물에 젖지 않는 태블릿 종이를 찾아냈어요. 나중에 휴 무어는 종이컵 제작 회사인 '딕시 컵 컴퍼니'를 세웠어요.

전염병 예방

종이컵이 없을 때에는 장거리 여행이나 공동 장소에서 구리로 만든 컵으로 여러 명이 물을 마셨어요. 구리 컵에 오염된 전염병이 여러 사람들에게 전염이 되었지요. 종이컵이 나오자 자연스럽게 전염병 예방이 되었답니다.

컵 안쪽은 폴리에틸렌으로 발라져 있어 물이 새지 않아요.

고급 펄프

종이컵 만드는 과정

종이 원지 → 코팅 → 원지 인쇄 건조 → 절단 가열 → 접합

편리함은 짧고 쓰레기는 길게 남아요. 일회용 종이컵은 원료가 나무예요. 나무를 사용하려면 자그마치 20년이 걸려요. 우리나라 사람들이 사용하는 종이컵은 한 해에 약 120억 개나 된다고 해요. 종이컵 한 개가 자연 분해되는 기간은 20년이나 걸리고, 종이컵 1톤을 생산하려면 20년생 나무 20그루가 필요해요. 그러니 아껴 써야겠지요?

70. 바퀴에 탄력을, 공기타이어

스코틀랜드의 수의사 존 보이드 던롭은 어린 아들에게 자전거를 선물했어요. 당시의 길은 지금처럼 포장이 되어 있지 않아 울퉁불퉁했어요. 자전거를 타고 돌아온 아들이 얼굴을 찡그렸어요.

"자전거를 탈 때마다 머리가 너무 아파요."

던롭은 자전거의 딱딱한 고무바퀴가 원인이라는 것을 알았어요. 바퀴에 탄력이 없어 자전거가 덜컹거릴 수밖에 없었던 거예요.

'공기를 채운 타이어로 바퀴를 달면 덜컹거림이 적어질 거야.'

공기타이어는 공기의 압력으로 완충제 역할을 해 그만큼 탄력이 생겨 승차감이 좋을 거라는 생각을 한 거지요. 1888년 2월 28일 마침내 최초의 공기타이어를 아들의 자전거에 달아 주었어요. 던롭은 수의사를 그만두고 '던롭 공기타이어 회사'를 세웠어요. 던롭이 만든 공기타이어는 전 세계로 팔려 나갔어요. 인류 최초의 바퀴는 기원전 5,000년 경 메소포타미아에서 사용되었어요. 통나무를 납작하게 잘라 만들었지요.

71. 안전하게 면도를, 안전면도기

킹 잼프 질레트는 영업사원이어서 지방으로 출장을 자주 갔어요.

1895년 어느 무더운 여름날, 질레트는 늦잠을 자는 바람에 그만 시간이 지체되고 말았어요.

급히 일어나 서둘러 세수를 하고 거울을 보았는데 수염이 많이 길어 있었어요.

질레트는 급하게 수염을 깎다가 그만 얼굴을 면도날에 베이고 말았어요.

'안전하게 면도를 할 수 있는 안전면도기를 만들어 봐야겠어.'

젤레트는 일을 보면서도 안전면도기를 만들 궁리를 했어요.

그러던 어느 날, 이발을 하던 중 이발사가 빗을 머리에 대고 삐쳐 나온 머리카락을 자르는 것을 보았어요. 질레트는 빗 역할을 하는 받침을 붙이고 손잡이도 만들었어요. 이렇게 해서 T자형 안전면도기가 탄생했어요.

하지만 사람들의 시선을 끌지 못했어요. 질레트는 물건을 구입하는 사람들에게 끼워 팔기를 시작했어요. 마침내 사람들이

하나둘 관심을 보이기 시작하더니, 폭발적으로 인기를 끌었어요.

1901년 질레트는 '아메리카 안전면도기'란 회사를 만들었어요. 이 회사가 한때 전 세계 면도기 시장의 90%를 독점하던 질레트사의 전신이에요.

72. 편리하고 간단한 가방, 쇼핑백

쇼핑백은 사랑의 마음 덕분에 탄생되었어요.

미국 필라델피아에서 살던 찰스 스틸웰은 가난한 집에서 태어났어요.

찰스 스틸웰의 어머니는 상점에서 짐을 나르는 일을 하며 가정을 꾸려 나갔어요.

스틸웰은 항상 무거운 큰 가방을 들고 다니는 어머니의 모습을 볼 때마다 안타까웠어요.

스틸웰은 가방의 무게를 줄일 수 있는 방법을 연구했어요.

스틸웰은 질긴 종이로 네모난 바닥을 만들고 위에다 손잡이를 달았어요.

드디어 가볍고 튼튼한 종이가방이 만들어졌어요.

1887년, 스틸웰은 종이가방으로 특허를 받았어요.

종이가방이 전 세계로 퍼지면서 그는 돈을 많이 벌어 어머니를 편히 모실 수 있게 되었어요.

73. 옷 만들기, 재봉틀

처음에 인류는 추위를 이기기 위해 옷을 만들어 입었지만, 산업이 발달되면서 옷은 멋과 유행의 상징이 되기도 했어요.

재봉틀이 발명되기 전에는 일일이 손으로 박음질을 했어요.

재봉틀은 1790년 영국의 T. 세인트가 처음 구상을 하여 만들었고, 1825년 프랑스의 시몽이 특허를 출원했어요. 최초의 실용적인 재봉틀은 1829년에 등장했지만 이때도 한 가닥의 실로 바느질을 했어요.

오늘날과 같이 두 가닥으로 바느질하는 재봉틀은 1846년, 미국의 엘리아스 하우가 발명했어요.

엘리아스 하우는 다리를 절어 농사일을 제대로 하지 못했어요. 정밀 기기를 만들고 수리하는 일을 했지만 수입은 보잘것없었어요. 그러다 보니 부인이 바느질로 생활을 꾸려나갔어요.

그는 고생하는 아내를 위해 새로운 재봉틀을 만들기로 결심했어요.

그러던 어느 날, 밀림 한가운데서 식인종이 창을 들고 다가와 자신을 겨누는 꿈을 꾸었어요. 그런데 반짝이는 창끝에 구멍이 뚫려 있었어요.

그는 사람들이 바느질에 사용해 온 일반

두 개의 실이 천에 박힐 때 생기는 구멍을 통과해 고정 장치 역할을 해요.

바늘로 재봉틀을 움직이려고만 했던 것을 깨닫고, 무릎을 치며 일어나 실을 끼울 구멍을 일반 바늘의 반대편 자리에 만들었어요.

 엘리아스 하우는 친구에게 돈을 빌려 재봉틀의 시제품을 만들어 1846년에 특허를 받았고, 미국의 재봉틀 산업을 일구었어요.

 우리나라는 1877년에 재봉틀이 처음 도입되었으며, 1960년대 중반부터 대중화되었어요.

74. 마개를 손쉽게, 코르크 마개뽑이

1600년대 포도주를 만드는 업자들은, 포도주 병을 코르크 마개로 막으면 보관하기도 쉽고 숙성도 잘 된다는 것을 알고 있었어요. 하지만 코르크 마개를 뽑는 일이 쉽지가 않았어요.

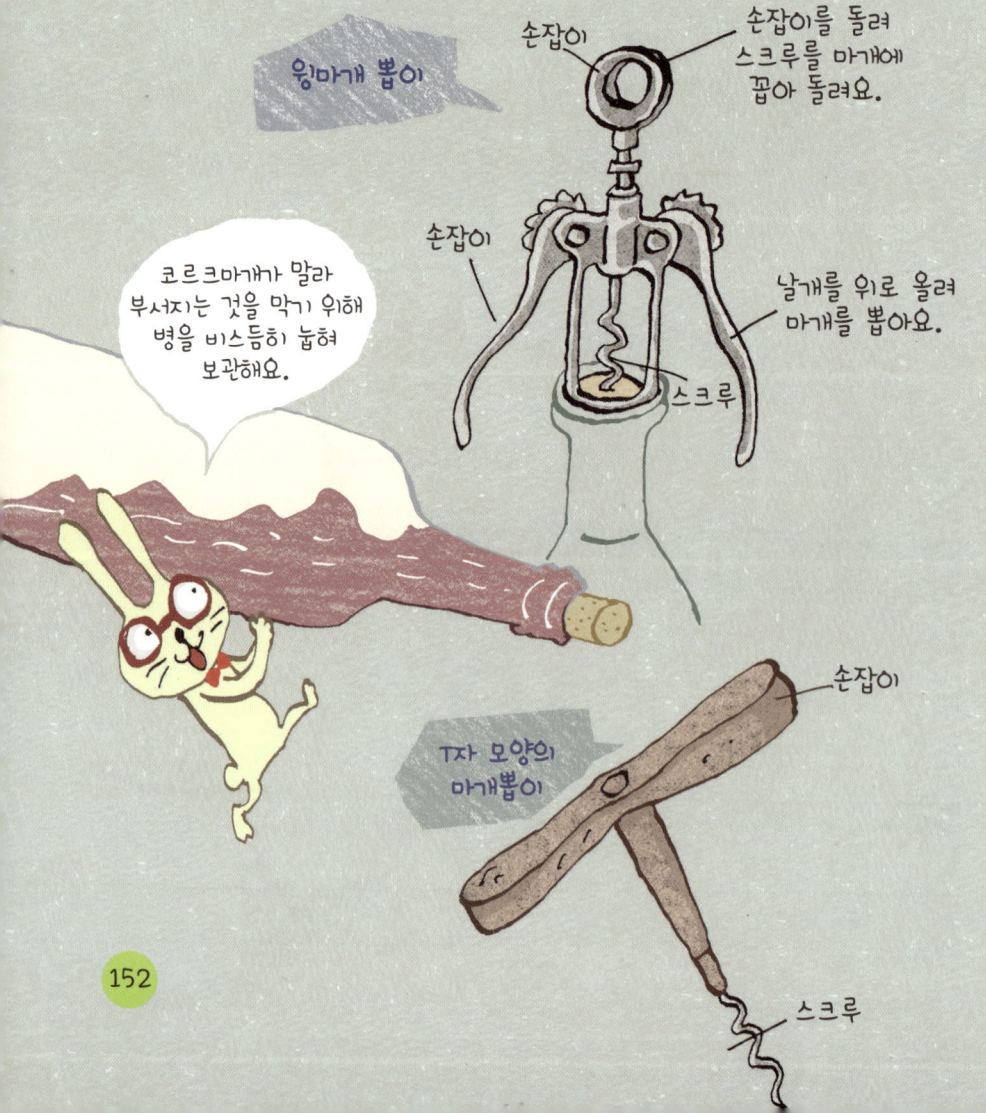

1795년 영국의 새뮤얼 핸스홀이 T자 모양의 코르크 마개뽑이를 만들어 특허를 냈어요. 습기를 머금은 코르크 마개는 바짝 마른 코르크 마개보다 훨씬 잘 빠져요. 그리고 바짝 마른 코르크 마개는 마개뽑이의 나사가 들어가면 부서져 버려요.

포도주병을 비스듬히 눕혀 보관하는 것도 이 때문이랍니다.

코르크 마개뽑이는 종류가 매우 다양해요.

T자 모양의 코르크 마개뽑이는 가장 단순한 형태지만 마개를 뽑기가 쉽지 않아요. 병을 단단히 고정시킨 후 스크루를 찔러 넣은 뒤 손잡이를 잡고 들어 올려 뽑아야 해요.

윙 마개뽑이는 가장 흔하게 찾아볼 수 있는 형태예요. 손잡이를 벌리면 스크루가 내려와요. 스크루를 코르크에 돌려서 씰러 넣은 뒤 손잡이를 밑으로 내리면 지렛대의 원리에 의해 코르크가 빠져요.

소믈리에 마개뽑이는 걸쇠를 병 입구에 건 다음 손잡이를 잡고 들어 올리면 돼요. 이것 역시 지렛대의 원리를 이용한 거예요.

75. 오래오래 상하지 않게, 통조림

프랑스의 나폴레옹 병사들은 전쟁 중에는 신선한 음식을 제대로 공급받지 못해 어려움이 많았어요. 나폴레옹은 음식을 오랫동안 저장할 수 있는 방법을 찾도록 했어요.

1804년 과자 제조업자인 니콜라 아페르가 병 속에 음식을 넣은 병조림을 고안했어요. 유리병에 과일과 채소를 담고 공기가 통하지 않게 막은 후, 가열하는 방식이었어요. 이 방법은 과일로 잼을 만들 때 쓰는 식품 살균 방법 중 하나예요.

하지만 병으로 만든 용기는 쉽게 깨져 보관이 어려웠어요. 810년, 피터 듀란드가 양철로 된 용기로 통조림통을 만들어 특허를 냈어요.

그리고 3년이 지난 후에는 통조림 공장을 세워 음식을 공급했어요.

점차 통조림의 종류도 식품에서 음료까지 다양해졌어요.

하지만 이 당시만 해도 칼이나 송곳으로 통조림을 땄어요.

통조림 따개는 1855년이 되어서야 발명되어 쓰이게 되었어요.

1925년에는 미국의 스타사가 회전식 캔 따개를 만들었어요.

통조림 제조과정

머리 부분이나 지느러미를 없애요. → 증기로 쪄요. → 알맞은 크기로 잘라요.

  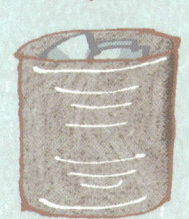

열처리를 해요. ← 공기를 차단하고 뚜껑을 닫아요. ← 깡통에 담아요.

상표를 붙여요.

1935년에는 통 안에 맥주를 넣은 캔 맥주가 등장했고, 드디어 1959년에는 손으로 따서 마실 수 있는 캔이 발명되었어요.

통조림 마크 읽는 법

- 원료의 종류
- 조리방법
- 크기, 모양
- 제조회사
- 제조 년, 월, 일

76. 잔디 쉽게 깎기, 잔디 깎기 기계

'넓은 정원에 깔린 잔디를 어떻게 하면 쉽게 깎을 수 있을까?'

1830년, 영국의 에드윈 비어드 버딩은 넓게 펼쳐진 잔디밭을 바라보고 중얼거렸어요.

당시에 부유한 상류층 사람들은 양 떼를 넓은 정원에 풀어 풀을 뜯게 했어요. 하지만 양들이 제멋대로 돌아다니며 풀을 뜯어먹기 때문에 잔디는 들쑥날쑥 깔끔하게 정리가 안 되었어요.

버딩은 연구 끝에 원통에 칼날을 달아 잔디 깎는 기계를 만들었어요.

기계를 끌거나 당기면 원통이 회전하면서 칼날이 돌아 잔디가 잘라지는 원리였어요.

1841년에는 스코틀랜드의 알렉산더 섕크스가 조랑말이 끄는 잔디 깎는 기계를 만들었어요.

사람이 끄는 기계가 있었지만 말이 끄는 기계가 더 인기가 있었어요.

1890년에는 증기의 힘으로, 1902년에는 가솔린 엔진으로 끄는 잔디 깎는 기계가 대중화되었어요.

77. 쭉쭉 늘어나는 고무밴드

16세기 초, 탐험가들은 남미의 인디언들이 고무나무에서 배어 나온 액으로 만든 고무공을 가지고 노는 것을 보았어요. 그 후 유럽인들은 고무를 채취해 고무모자, 고무장갑, 고무병 등 각종 생활용품을 만들었어요.

그런데 생활 곳곳에서 발견되는 고무밴드는 누가 발명했을까요?

1820년 어느 날, 영국인 핸콕이 고무병을 들고 생각했어요.

'이 고무병을 세로로 자르면 여러 용도로 쓸 수 있겠는 걸?'

핸콕은 고무병을 세로로 잘라 여러 개의 고무링을 만들었어요.

고무밴드가 탄생하는 순간이었어요.

하지만 당시에 핸콕은 특허권의 상식이 없어 특허 출원을 하지 않았어요.

1845년 3월 17일, 스티븐 페리 밥스테인이 오스트리아에서 고무밴드로 특허를 내고 공장을 세웠어요. 공장에서 대량 생산된 고무밴드는 생

고무를 납작하게 만들어요.

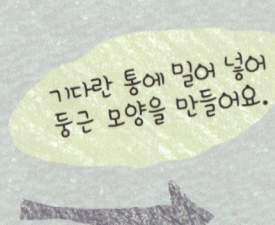
기다란 통에 밀어 넣어 둥근 모양을 만들어요.

활필수품으로 자리 잡았어요.

고무밴드는 탄성이 좋아야 하므로 고무나무에서 직접 채취한 천연고무로 만들어야 해요.

78. 물에서 안전하게, 구명조끼

3000~4000년 전, 고대 제국에서는 병사들에게 산양 가죽에 공기를 넣은 주머니를 지급했어요. '무스크스'라고 불리는 이 바람 주머니는 바다에서 수영을 돕고 조난당했을 때 생명을 구하는 도구였어요.

현대식 구명조끼는 1824년 구조요원 조직의 왕립 구명보트 기구의 존 로스 워드 대장이 코르크를 채워 만들었어요. 코르크 구명조끼는 따뜻하고 물에 잘 떴지만 입기가 여간 불편하지 않았어요.

그래서 얼마 후 열대에서 자라는 나무의 섬유질인 케이폭을 채워 만들었어요. 케이폭은 솜처럼 푹신하고 따뜻한 섬유예요.

1936년, 공기로 채워진 구명조끼가 미국의 앤드류 토티에 의해 만들어졌어요. 토티는 자신의 아이디어를 미국 육군성에 1,600달러에 팔았어요. 공기로 채워진 구명조끼는 육군성에 의해 상품화되었어요.

공기 부력으로 몸이 물에 떠요.

"인류 최초의 구명조끼는 산양가죽으로 만들었어요. 스파르타 군인들이 입었어요."

구명조끼의 부분 명칭

버클 – 서로 끼워지는 장치. 누르면 조임이 풀려요.
띠 – 조끼가 몸에 고정되도록 조절하는 장치.
다리 끈 – 다리 사이에 끼고 몸에 맞도록 조절할 수 있어요. 조끼가 위로 벗겨지는 것을 막아요.

"구명조끼가 나오기 전에는 침대 매트리스로 만들어 입었어요."

"침몰된 타이타닉호에서 발견된 구명조끼예요."

무명천으로 만든 조끼
속에는 코르크로 채워져 있어요
몸을 매는 끈

79. 벌레는 사절, 방충망

창문에는 벌레들이 들어오지 못하도록 방충망을 설치해요. 방충망은 어떻게 탄생되었을까요?

1830년대, 미국의 코네티컷 주에, 부엌에서 쓰는 철사로 만든 그물망을 생산하는 공장이 있었어요. 그런데 1861년 남북 전쟁이 일어나자, 물건이 팔리지 않았어요. 공장 주인은 철사 그물망에 회색을 덧칠해 방충망으로 만들어 팔기 시작했어요.

1913년에는 체코 이민자 윌리엄 오크타벡이 방충망에 그림을 그려 넣었어요.

방충망은 인기가 좋았어요. 특히 볼티모어 주에서 인기가 좋아 도시의 이름을 따 '볼티모어 막'이라고도 불렀어요.

80. 소리를 크게, 마이크

정확하게는 마이크로폰으로, 소리를 전기 신호로 바꾸어주는 장치예요. 마이크에서 받아들여진 소리는 다시 주파수의 교정을 통해 앰프로 들어가 음향이 커져 스피커로 나오는 것이지요.

1876년, 알렉산더 그레이엄 벨이 전화기를 발명했어요. 그런데 특허를 출원할 당시에 사용한 전화기는 액체 마이크였어요. 그러므로 벨은 마이크도 역시 최초로 발명한 사람이에요.

하지만 액체 마이크는 실생활에서 사용하기가 불편했고, 성능 역시 대화를 원활히 진행하기에 다소 떨어지는 편이었어요.

얼마 후, 디스크 축음기를 만든 에밀 베를리너가 좀 더 개량된 마이크를 발명했어요.

그 이후에도 에밀 베를리너는 마이크에 대한 다양한 연구를 하였고, 1895년에는 베를리너그라모폰을, 1898년에는 도이치그라모폰을 설립했어요.

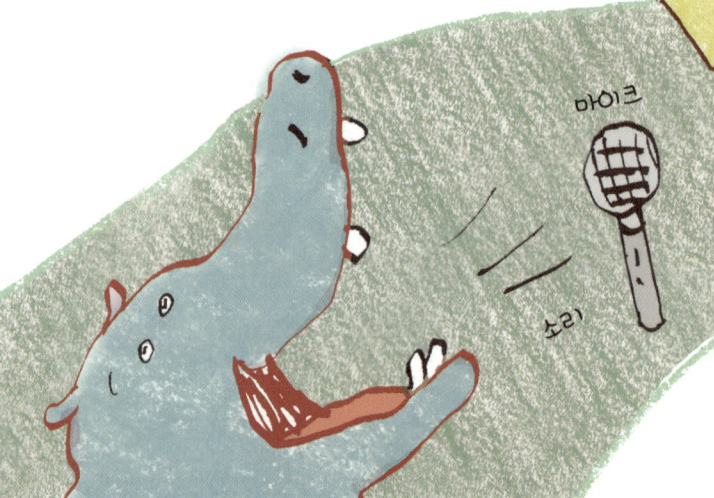

마이크의 작동 원리(소리를 전기 신호로 바꾸는 장치)
소리 → 진동판을 진동 → 코일을 통과하는 자기력선 → 소리와 진동수가 같은 교류 유도 전류 발생 → 전기 신호

스피커의 작동 원리(전기 신호를 소리로 바꾸는 장치)
코일에 전기 신호 입력 → 전기 신호에 따라 주기적으로 변하는 자기장 형성 → 자석과 코일 사이에 주기적으로 변하는 자기력 작용 → 진동판 진동 → 소리 발생

81. 음식을 오래오래, 냉장고

1834년, 영국의 발명가 제이콥 퍼킨스는 얼음을 인공적으로 만드는 압축기를 개발해 특허출원했어요.

그 후, 1862년 인쇄공이었던 제임스 해리슨은 인쇄활자를 손으로 씻다가 에테르라는 액체가 증발하면서 손이 시린 것을 보고 이를 이용해 냉장고를 만들었어요.

냉장고는 시장에 나오자마자 인기가 대단했어요.

하지만 초기의 냉장고는 냉매가 샐 경우 지독한 냄새가 났고 심지어 폭발하기도 했어요.

가정용으로 쓰이는 소형 냉장고는 1911년 제너럴 일렉트릭 회사에서 만들었어요.

하지만 이때까지만 해도 대량으로 생산을 할 설비를 갖추지 못했어요.

1916년 알프레드 멜로우즈는 냉장고 회사를 만들어 일 년에 40대 정도를 만들었어요.

생산시설이 없어 일일이 수작업으로 했기 때문이에요. 그래도 당시로는 이것이 최첨단 시설이었어요.

최초로 만든 냉장고는 냉각기가 위에 달려있어요.

1918년 제너럴 일렉트릭 회사는 멜로우즈의 회사를 인수해 냉장고를 대량 생산하기 시작했어요.
우리나라는 1965년 금성사에서 처음으로 냉장고를 만들었어요.

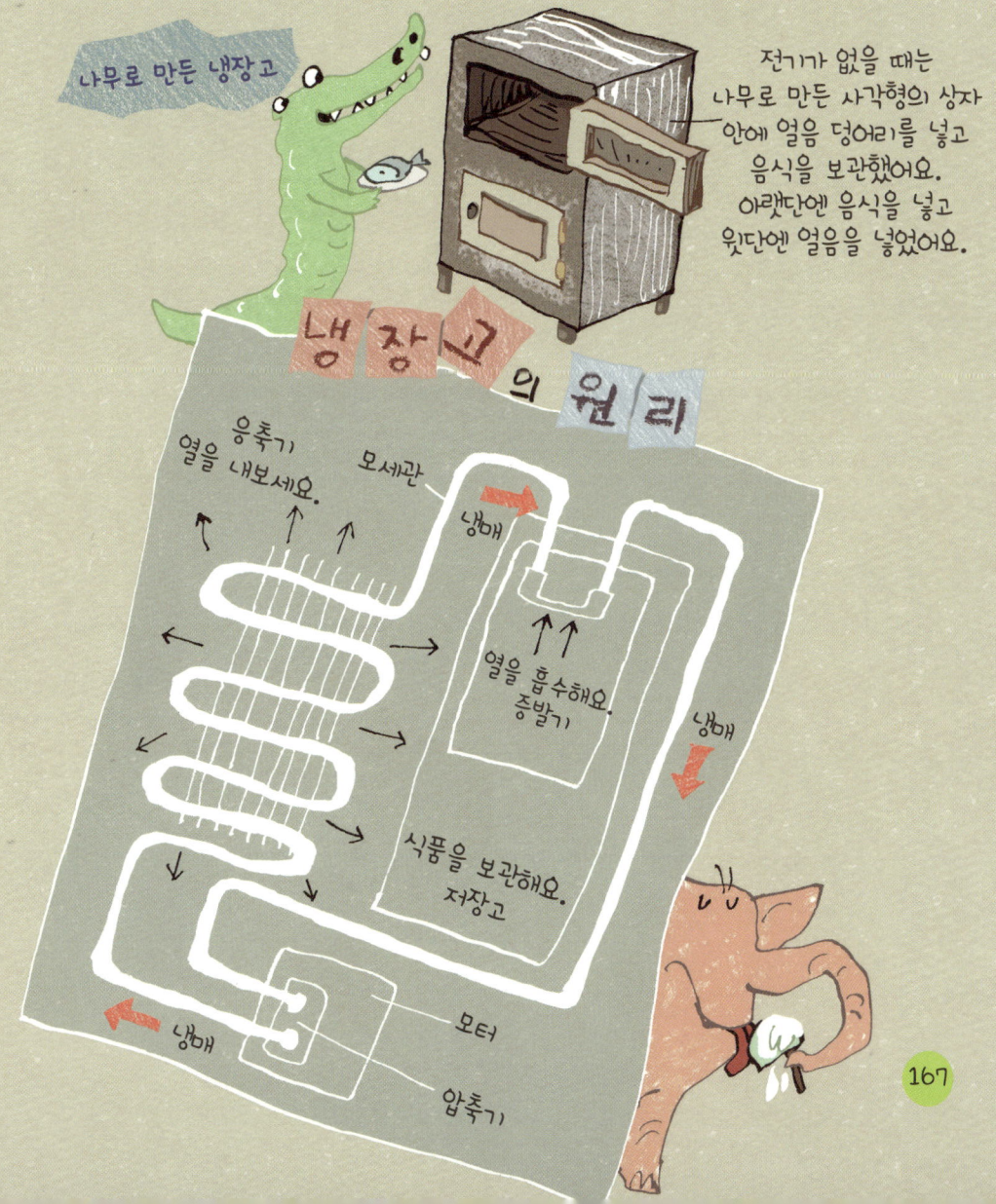

나무로 만든 냉장고

전기가 없을 때는 나무로 만든 사각형의 상자 안에 얼음 덩어리를 넣고 음식을 보관했어요. 아랫단엔 음식을 넣고 윗단엔 얼음을 넣었어요.

냉장고의 원리

열을 내보내요.
응축기
모세관
냉매
열을 흡수해요.
증발기
냉매
식품을 보관해요.
저장고
냉매
모터
압축기

82. 설거지는 식기세척기

조세핀 코크레인은 과학적 재능과 창의성을 가진 집안에서 태어났어요. 그녀의 아버지 존은 시카고의 유명한 토목기사였고, 증조부인 존 피치는 증기선을 만든 발명가였어요.

조세핀 코크레인은 파티 후 엄청난 설거지 때문에 고민이었어요.

'편하고 깨끗하게 설거지를 하는 방법이 없을까?'

이미 1850년에 손잡이를 돌려 사용하는 식기세척기는 특허가 나온 상태였어요. 하지만 조세핀 코크레인은 모터가 돌아가면서 세재가 섞인 물이 뿜어져 나오게 만든 식기세척기를 발명했어요.

그녀는 1886년 식기세척기와 관련하여 특허를 취득했어요. 그리고 '코크레인스 크레슨트 워싱 머신'사를 세워 식기세척기를 생산했어요.

1950년대에는 전기 모터와 개선된 배관이 설치되면서 대중화되었어요.

83. 땀이 쏙 선풍기

1800년대 초에 만들어진 '푼카'는 기록에 있는 최초의 선풍기예요. 날개는 나무로 되어 있었고 가지고 다닐 수 있었어요.

그 후, 산업혁명이 일어나면서 공장의 물레바퀴를 이용해 벨트를 움직이는 선풍기가 만들어졌어요.

천장에 매달아 추의 무게를 이용하여 회전축을 돌려 바람을 일으키는 선풍기도 나왔어요.

커다란 부채가 시계추 모양으로 흔들리며 부채질을 했지요. 1850년대에는 태엽을 감아 사용하는 탁상선풍기가 나왔어요.

전기를 이용한 선풍기는 발명의 아버지인 에디슨이 만들었어요.

차츰 디자인이 개선되어 세련된 모양의 선풍기가 탄생되었어요.

선풍기는 용도에 따라 탁상 선풍기, 스탠드 선풍기, 천장 선풍기 등이 있어요.

선풍기는 시원한 바람을 일으키기도 하지만 탁한 공기를 환기시키는 역할도 해요.

날개가 돌면서 공기를 걷어내요. 이 공간으로 공기가 밀려오면서 바람이 생겨요.

84. 몸속 관찰, X선

1895년 독일 뷔르츠부르크 대학의 교수였던 뢴트겐은 음극선의 성질을 알아보기 위해 금속판에 쏘는 실험을 하고 있었어요.

그때 그는 음극선관에서 종이를 뚫고 지나가는 강한 광선을 보게 되었어요.

뢴트겐은 부인을 급히 불러 음극선에서 나오는 선으로 부인의 손을 촬영해 보았어요.

그런데 놀라운 일이 벌어졌어요. 손안에 있는 뼈가 고스란히 보였던 거예요. 이것이 최초의 방사선 사진이에요. 손가락에 끼고 있던 반지는 금속이기 때문에 선명하게 찍혀 있었어요. 그는 정확히 그 방사선이 무엇인지 몰라 X선이라고 불렀어요.

X선은 뢴트겐이 처음 발견했으므로 그의 이름을 따라 '뢴트겐선'이라고도 불러요. X선은 자외선보다 짧은 파장으로 눈에는 보이지 않아요.

해부를 하지 않고도 몸 안에 있는 뼈를 볼 수 있다는 사실에 사람들은 놀라워했어요. X선의 발견으로 뢴트겐은 최초로 노벨 물리학상을 받았어요.

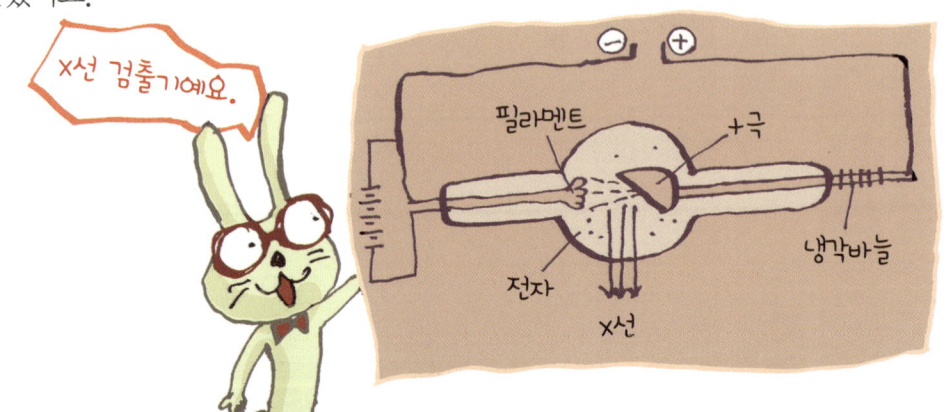

85. 노벨의 역사, 다이너마이트

노벨은 아버지와 함께 군사무기를 만들었어요.

화약을 만들어 생산하기 시작했는데 당시 니트로글리세린이 주원료인 액체로 된 것이었어요.

이 화약은 광산과 건물을 짓는 곳에서 많이 사용되었는데 단점이 있었어요.

아주 작은 충격에도 폭발을 했어요.

노벨은 액체 화약을 딱딱한 고체 화약으로 만들기로 했어요.

그래서 액체를 쉽게 빨아들이는 고체덩어리를 찾기 시작했어요.

그러던 중 규조토가 자신의 무게보다 두 배나 되는 액체를 빨아들인다는 것을 발견했어요.

노벨은 구조토를 섞어 고체 화약을 만들었어요.

드디어 뇌관을 사용해 폭발하는 다이너마이트를 발명했어요.

다이너마이트의 발명으로 큰돈을 모은 노벨은 인류에게 큰 도움을 준 사람들에게 자신의 유산을 상금으로 주라는 유언을 남겼어요. 오늘날 노벨상이 탄생하게 된 것은 바로 다이너마이트의 발명이 있었기 때문이지요.

86. 안 들리는 소리는, 보청기

최초의 보청기는 청진기처럼 생겼어요.

동물의 뼈나 금속으로 만들어져 현재의 보청기보다 훨씬 크고 투박했어요.

원래 보청기는 배를 타던 선원들이 멀리서 들리는 소리를 듣기 위해 만들었어요.

1899년 밀러 리슨 허친슨이 마이크가 달린 보청기로 특허를 받았어요.

사람들은 허친슨이 만든 보청기를 '아쿨라이온'이라고 불렀어요.

1920년에는 진공관식 보청기가 등장했어요.

여러 개의 진공관으로 연결된 증폭기로 송화기로 들어온 소리를 증폭시켜 듣는 원리였어요. 하지만 진공관이 들어 있어 너무 부피가 크고 무거워 가지고 다니기가 불편했어요.

1950년, 제니스사가 트랜지스터를 이용한 보청기를 만들었어요.

그 후 보다 휴대하기 편리한 귀걸이형 보청기가 개발되었어요.

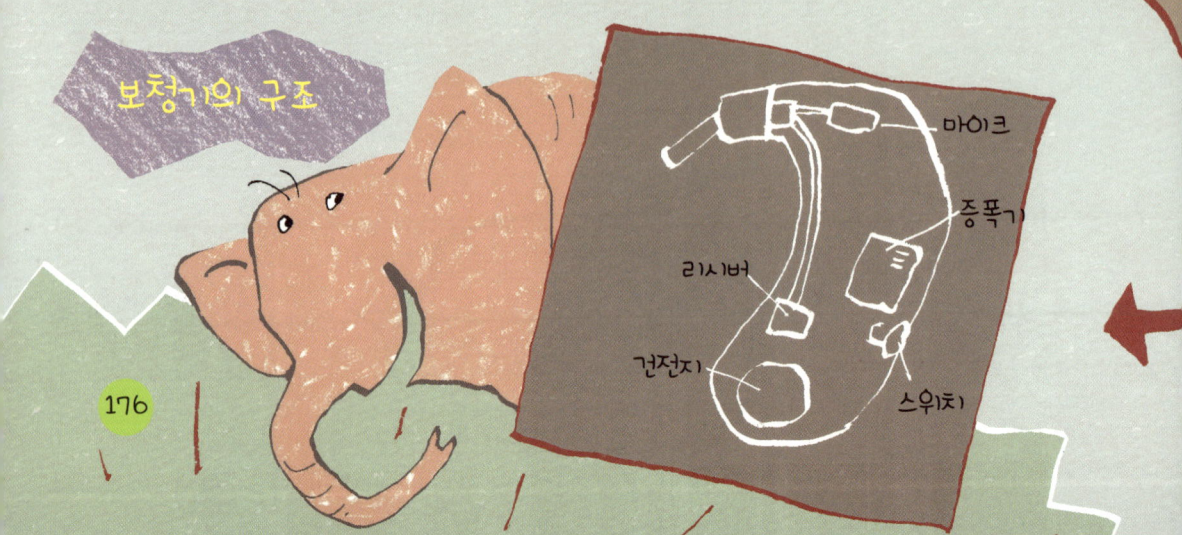

보청기의 구조

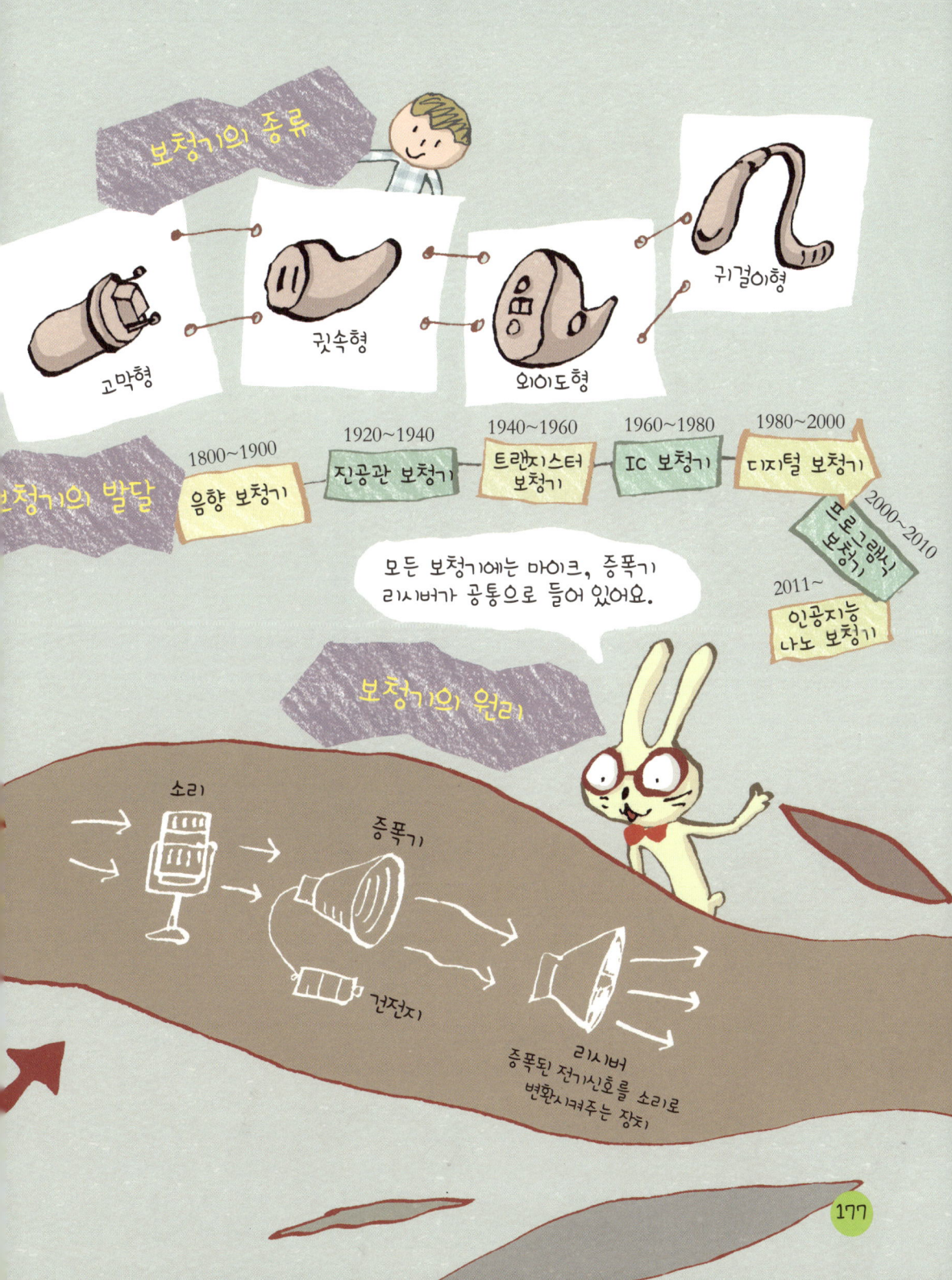

87. 여름을 시원하게, 에어컨

무더운 날씨에 시원한 바람을 선사하는 에어컨은 현대 생활에 꼭 필요한 필수품이에요.

고마운 에어컨을 발명한 사람은 누구일까요?

1820년 마이클 패러데이가 압축 냉각된 암모니아의 기화를 통해 공기 냉각 원리를 발견했어요.

1850년에는 존 고리 박사가 말라리아 병동에 찬 공기를 주입하는 장치를 발명해 말라리아를 퇴치하려 했지만 크게 도움이 되지는 않았어요.

과학자들의 꾸준한 연구로 1906년 미국의 윌리스 캐리어가 냉각장치와 공기조절기로 특허를 얻었어요. 그리고 1915년에 자신의 이름을 딴 '캐리어'라는 회사를 만들어 에어컨 생산을 했어요.

처음에 만든 에어컨은 산업용으로 쓰이다가 1920년대 초에는 백화점, 극장, 호텔 같은 곳에 설치되기 시작했어요. 1936년에는 비행기

와 자동차에도 장착이 되어 먼 거리도 편안하게 여행할 수 있게 되었어요. 1955년부터는 일반 가정에도 보급되었어요.

에어컨은 실내공기의 온도와 습도를 조절해요.

에어컨은
냉동기나 냉장고처럼 액체가 증발할 때 주위에서 열을 빼앗는 증발열을 이용한 것으로 냉매로는 프레온 가스가 사용돼요.

실외기의 역할
압축한 냉매를 실내기로 보내면, 실내기 속 코일이 팽창하는 과정에서 실내의 온도를 빼앗아 온도를 낮춰요. 팬은 돌아가면서 더운 바람을 배출시켜요.

88. 옷 정리는 옷걸이

1903년 어느 추운 겨울, 앨버트 파크하우스가 출근을 했어요. 그는 철사로 전등갓 등의 일상 소품을 만드는 회사에 다니고 있었어요.

그런데 먼저 출근한 직원들이 옷을 걸어놔, 코트를 걸 고리가 남아 있지 않았어요.

파크하우스는 회사에서 쉽게 구할 수 있는 철사를 들고 생각에 잠겼어요.

먼저 철사를 기다랗게 타원형으로 구부렸어요. 그리고 짧게 자른 철사로 타원형 중간에 고리를 만들어 달았어요. 파크하우스는 이 새로운 발명품에 자신의 코트를 걸었어요.

여러 가지 모양의 철사 옷걸이

못이 있는 어디에나 걸 수 있어 편리했어요.

그런데 2달 후, 1904년 1월 얄밉게도 다른 사람이 옷걸이의 발명자로 특허 신청을 해 버렸어요. 그는 파크하우스가 근무하는 회사의 변호사였어요.

파크하우스는 회사를 그만두고 가족과 함께 로스앤젤레스로 이사를 갔어요.

그리고 거기에서 철사 제품을 만드는 회사를 설립했어요. 하지만 안타깝게도 48세로 생을 마감했어요.

89. 비 오는 날 와이퍼

1902년 진눈깨비가 내리는 어느 날, 마리 앤더슨 부인이 뉴욕을 방문했어요.

그런데 거리에는 진풍경이 벌어지고 있었어요.

운전자들이 차에서 내려 앞 유리를 닦아내고 있는 것이었어요.

마리 앤더슨은 잠시 생각에 잠겼어요.

'운전할 때 비나 눈이 와도 앞이 잘 보이도록 할 수 없을까?'

그녀는 연구를 시작했고, 마침내 앞 유리를 닦을 수 있는 와이퍼를 발명했어요.

그것은 운전자가 차 안에서 레버를 잡아당기면 나무와 고무로 만들어진 와이퍼 암이 스프링의 힘으로 유리를 닦아내는 방식이었어요.

1903년 마리는 이 와이퍼를 특허 신청했으나 사람들이 관심을 갖지 않았어요.

1919년 자동차 회사인 포드사에서 보조석에 탄 사람이 작동하는 방식으로 와이퍼를 만들었지만 이것 역시 불편해 실용화되지 못했어요.

1929년에 드디어 진공 모터로 작동하는 와이퍼가 등장했어요.

하지만 엔진이 꺼지면 와이퍼의 작동도 정지되었어요.

현재 사용되고 있는 와이퍼는 GM사가 개발한 것으로 엔진이 꺼져도 와이퍼는 계속 작동을 해요.

90. 알록달록 크레용

　세계의 어린이가 즐겨 쓰는 크레용은 물감을 만드는 안료 회사에서 만들었어요.

　에드워드 비니와 해럴드 스미스는 미국 펜실베이니아 주에서 안료 회사를 운영하고 있었어요.

　두 사람은 학교에서 쓰는 먼지가 나지 않는 분필을 개발해 1902년 세인트루이스 세계박람회에서 금메달을 땄어요.

　회사에서는 다음 상품으로 크레용을 만들어 판매하자는 의견이 있었어요. 1902년 에드워드와 스미스는 산업용으로 쓰이던 안료에 파라핀을 섞어 '크레욜라 크레용'으로 이름을 붙여 시중에 내놓았어요. 어린이 손에 쏙 들어가게 작게 만들었고, 8가지의 색을 한 통에 넣었어요.

　크레용이 나오자 아이들이 좋아했어요.

　그 후, 1949년에는 48색으로 늘여 생산을 하고 1958년에는 64색을 내놓았어요. 1993년에는 96색으로 웬만한 색은 다 갖추게 되었어요. 2003년에는 120가지 색의 크레용이 나왔어요. 지금은 150가지 색이 나왔답니다.

크레용과 크레파스의 차이점

크레용은 파라핀 왁스가 많이 들어가 단단하고 손에 잘 묻지도 않아요. 파라핀 왁스가 덜 들어간 크레파스는 부드럽고 진해요. 찌꺼기도 많이 생기고 손에 잘 묻어요.

91. 손목에 시계를, 손목시계

15세기 무렵 태엽이 발명되면서 휴대용 시계가 등장했어요.
처음엔 양복 주머니에 넣고 다닐 수 있는 회중시계가 유행했어요.
19세기 이후부터 손목시계가 사용되기 시작했어요.
브라질의 산투스 두몽은 발명가이면서 비행기 조종사로 활동하고 있었어요.
1904년 친구 루이 까르띠에가 산토스 두몽을 위해 손목에 차는 시계를 만들어 선물했어요.
산토스 두몽이 조종을 할 때 조종기에서 손을 떼지 않고도 시간을 볼 수 있게 만들어 주었던 것이지요.
1914년 세계 1차 대전이 일어나자 병사들은 손목시계를 의

귀족들이 찼던 화려한 손목시계예요.

무적으로 착용해야 했어요. 손목시계를 차면 전쟁터에서 정확한 시간을 간편하게 알아볼 수 있었어요.

현재 기록된 제일 오래된 손목시계는, 나폴레옹 1세의 부인인 조세핀이 사용한 것으로, 기능보다는 값비싼 보석으로 장식해 화려함을 우선으로 했다고 해요.

92. 멋도 부리고 눈부심도 방지하는 선글라스

오늘날 멋의 상징인 선글라스는 예상과 다르게 법정에서 재판관들이 착용했다고 해요.

15세기 초 권위와 체면을 중시하는 중국의 재판관들은 죄인들에게 자신의 표정을 들키지 않으려고 검은색 선글라스를 썼어요.

이 당시에는 연기에 렌즈를 그을려 색을 검게 해서 썼어요.

1929년 애틀랜틱시티 산책로의 점포에서 선글라스를 판매하기 시작했는데, 공원에서 일광욕을 하는 사람들에게 인기가 좋았어요.

같은 해에 에드윈 랜드가 눈부심을 줄여 주는 셀로판 필터 렌즈를 발명했어요. 1932년에는 에드윈 랜드와 하버드 대학 교수 조지 휠라이트가 폴라로이드 필터로 멋진 선글라스를 만들었어요.

선글라스가 제품화되어 시판을 시작한 것은 1937년 비슈롤사가 제작한 '레이밴'이라는 녹색 렌즈예요. 이 선글라스는 미 공군의 존 마크레이디 중위가 비슈롤사에 의뢰에 만든 것이었어요.

지금은 플라스틱으로 만든 선플라스틱 렌즈를 대부분 사용해요. 선글라스 렌즈 속에 들어 있는 자외선 차단 물질은, 자외선을 다른 파장의 빛이나 열로 바꿔 반사시켜요.

선글라스 렌즈

열
빛
자외선

렌즈 색에 따른 용도

	회색	빛의 파장을 일정하게 흡수해요.
	갈색	짧은 파장을 흡수해요..
	녹색	장파장을 흡수하고 눈의 피로를 줄여 줘 눈에 시원한 느낌을 줘요.
	노란색	밤이나 흐린 날에 더욱 밝게 볼 수 있어요.
	빨간색	눈의 피로감이 빨리 와요. 햇빛의 차단 효과보다는 멋내기용으로 쓰여요.

93. 이를 깨끗하게, 칫솔

이를 닦는 일은 위생에 도움을 주어 건강한 생활을 할 수 있게 하지요.

고대 이집트에서는 계란 껍데기나 돌가루 등을 곱게 빻아서 이것으로 이를 닦았어요.

초기 인류는 칫솔이 없었기 때문에 손가락에 묻혀 닦았을 거예요.

우리나라에서도 칫솔이 없을 때는 손가락에 소금을 묻혀 이를 닦곤 했어요. 바빌로니아 등지에서는 '츄스틱'이라 하여 나뭇가지를 부러뜨려 이를 문지르는 방법을 썼어요.

동양에서는 버드나무를 잘라 이쑤시개 형태로 하여 이를 닦았어요. 버드나무에는 소독효과가 들어 있기 때문이에요.

'양치(養齒)'는 버드나무 가지를 뜻하는 '양지(楊枝)'에서 왔다고 해요. '지(枝)'가 발음이 비슷한 '치(齒)'로 바뀌어 '양치'가 됐다고 해요.

사람들은 차차 동물의 뼈에 빳빳한 털을 박아서 칫솔로 사용했어요. 현재 쓰고 있는 칫솔은 1938년 듀폰사가 나일론을 소재로 해서 만든 거예요. 치약은 1850년대에 등장했어요. 1896년, 미국의 콜게이트 사는 치약을 튜브에 넣어 팔기 시작했어요. 1889년, 우리나라에 일본에서 개발한 '치마분'이 들어왔어요. 치마분은 가루로 만든 치약인데 가격이 비싸서 형편이 좋은 집에서나 사용할 수 있었어요.

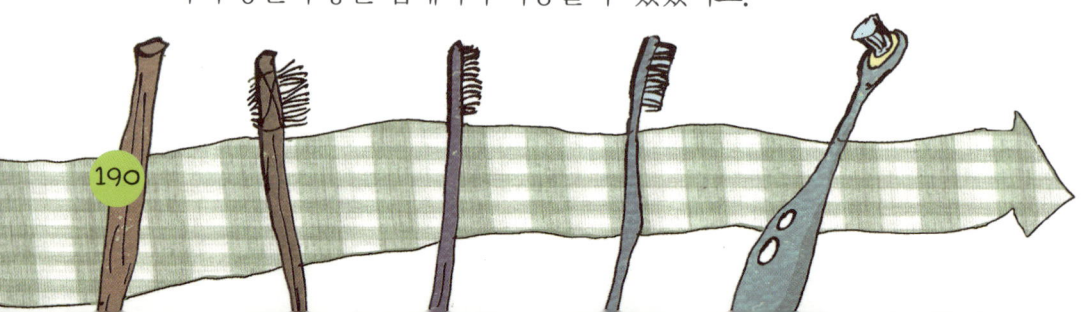

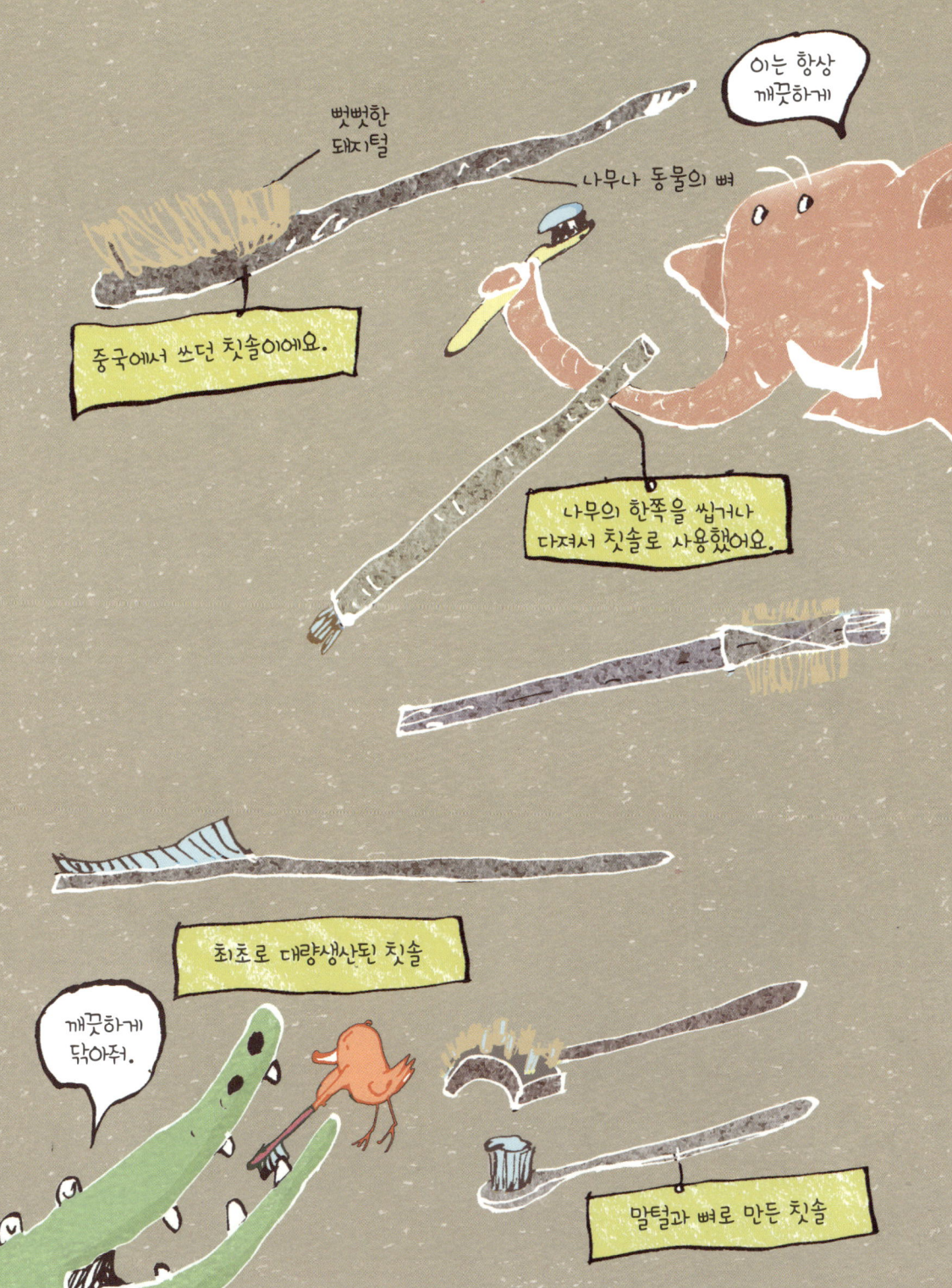

94. 심장을 살리는 심장박동기

심장박동기는 심장 근육에 전극을 꽂아 심장 박동이 규칙적으로 뛰게 만드는 장치예요.

최초의 심장박동기는 호주의 마취 의사인 마크 리드웰이 발명했는데, 몸 밖에 달고 다녀야 해서 불편했어요.

1958년, 스웨덴의 룬 엘름퀴스트와 의사 아케 세닝이 인체에 이식할 수 있는 최초의 심장박동 조절장치를 개발했어요. 이 장치는 수은이나 아연을 배터리로 사용했는데, 2~3시간 정도 작동했어요. 1973년에는 적어도 6년 정도 지속되는 리튬 전지가 개발되었어요.

현재의 심장박동기는 4cm 정도로 매우 작아 착용이 편리할 뿐 아니라, 심장 박동도 정상적으로 잘 유지시켜 주지요.

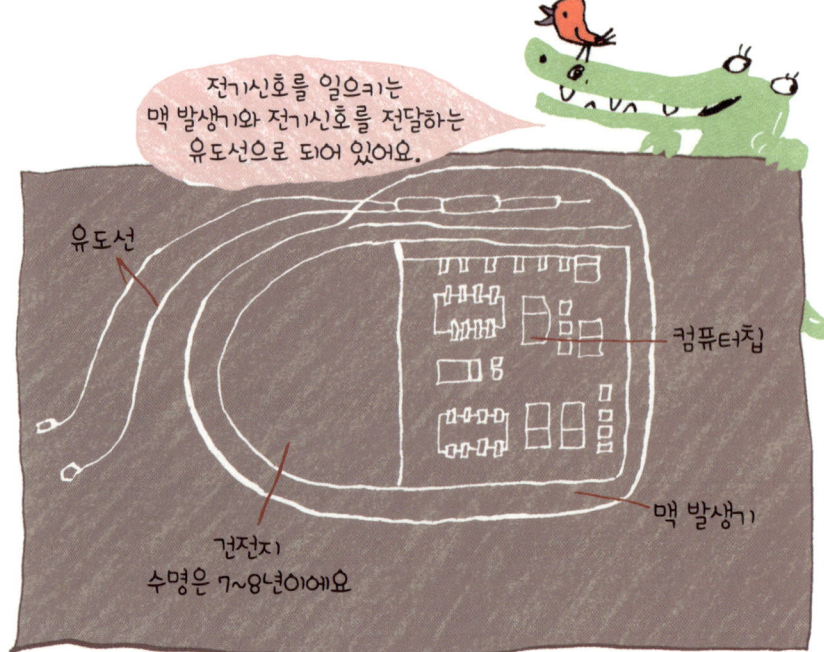

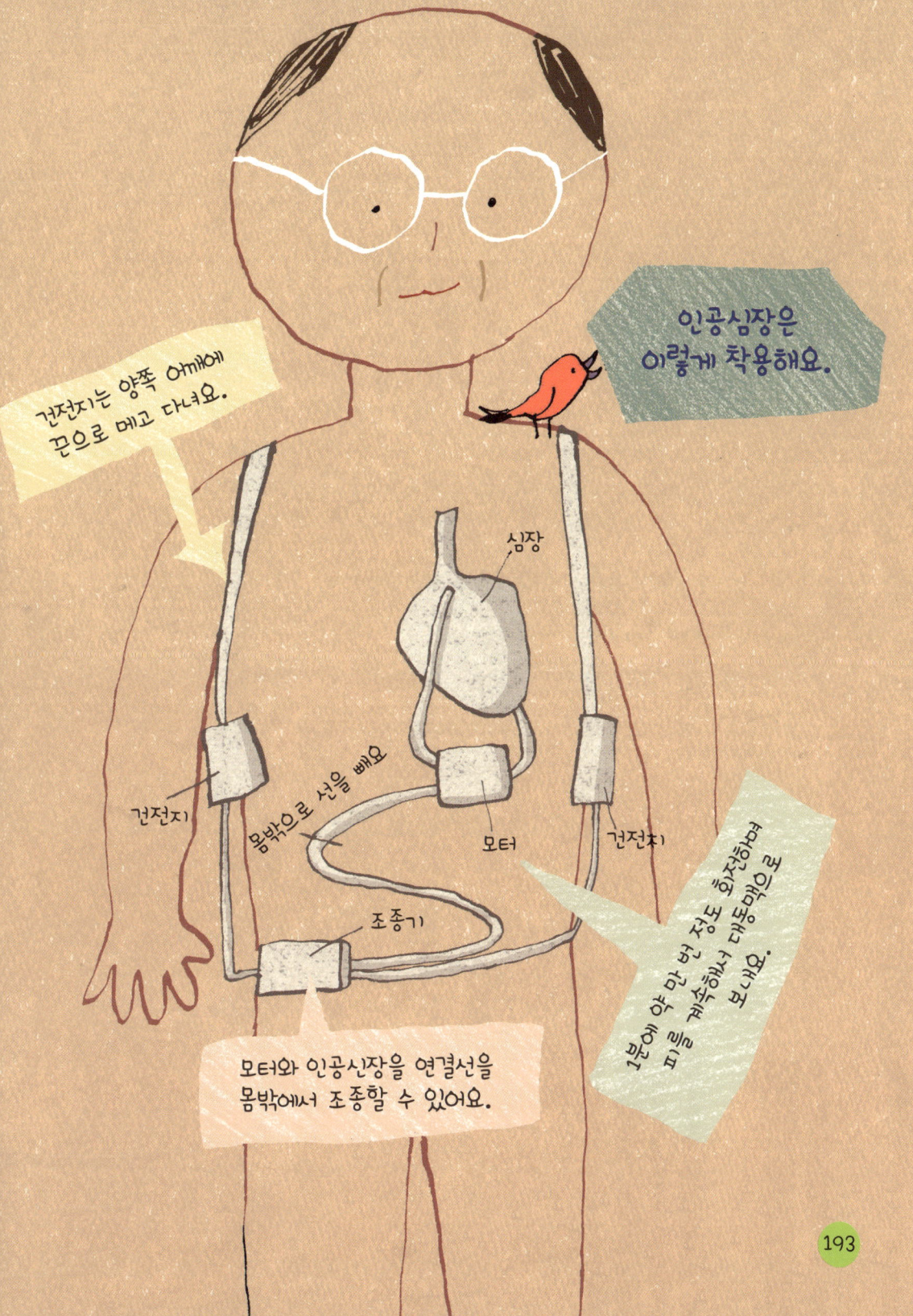

95. 상품의 이름표, 바코드

1948년 식품 체인점 사장이 드렉셀 공과대학 학장을 찾아가 물건을 빠르게 계산할 수 있는 암호를 만들어 달라고 부탁했어요.

그러자 옆에서 듣고 있던 대학원생 버나드 실버가 입가에 웃음을 띠었어요.

'오! 그래. 상품에 대한 여러 가지 정보가 저장되어 있는 암호를 기계가 읽어낼 수 있다면……'

실버는 기계공학을 전공하는 노먼 우드랜드를 찾아가 함께 연구를 시작했어요.

모스부호는 점과 선만으로 글자와 숫자를 표기하는 일종의 암호예요. 둘은 모스 부호를 이용한 암호를 만들기로 했어요. 하지만 별 진전이 없었어요. 그러다 우연한 기회에 막대기를 보고는 힌트를 얻었어요.

"가는 막대기, 굵은 막대기, 빈 공간을 활용한 암호라면 무엇이든지 나타낼 수 있을 거야."

"좋은 생각이야. 암호도 무한대로 만들 수가 있어."

드디어 1952년 10월 7일 실버와 우드랜드는 바코드를 발명하고 특허를 받았어요.

하지만 당시에는 이 바코드를 읽을 수 있는 레이저 기술이 없었어요.

그러다 22년 후인 1974년, 레이저가 발명되면서 바코드가 실용화되었어요.

그 후 20년 뒤에 나온 큐알코드도 바코드의 하나예요.

바코드는 일렬로 만든 암호지만 큐알코드는 가로 세로로 입력해 훨씬 더 많은 정보를 담을 수가 있어요.

바코드 판독기는 바코드에 빛을 쏘면 검은 막대는 적은 양의 빛을 반사시키고 흰색 막대는 많은 양의 빛을 반사시켜요. 이때 판독기는 0과 1의 이진수로 바꾸어 해석하고 컴퓨터로 전송해요.

국가코드 제조업체 상품코드 검증코드

바코드의 흰색 막대는 0 검은색 막대는 1로 나타나요.

막대 굵기로 숫자를 표현해요.

우리나라는 1988년에 국제 상품 코드 관리 기관에 회원국으로 가입했어요. 우리나라 국가번호는 880이에요.

96. 파리 꼼짝 마! 파리채

　1905년, 미국 캔자스 주 보건소는 배탈 환자와 전염병 환자들로 꽉 찼어요.
　의사인 새뮤얼 크럼바인은 환자들이 많은 이유가 파리 때문이라는 것을 알게 되었어요.
　새뮤얼 크럼바인은 전염병을 옮기는 파리를 없애기 위한 연구를 시작했어요.
　그러던 어느 날, 야구장에서 공을 치라는 사람들의 소리를 듣고는 아이디어를 떠올렸어요.
　새뮤얼 크럼바인은 곧바로 '파리를 쳐!'라는 구호로 캠페인을 벌였어요.
　교사 프랭크 로즈도 파리를 잡을 수 있는 연구에 동참하기로 했어요.
　드디어 막대기에 철사로 구멍이 숭숭 뚫린 채를 달아 파리채를 완성했어요.

파리는 공기의 변화를 금세 알아차려요.

구멍이 뚫린 체를 사용하면 공기가 체 사이로 빠져나가 파리가 알아채지 못하지요.

이런 파리채가 등장하기 전에는 수천 년 동안 파리를 잡던 용도로 채찍 모양의 파리채가 있었어요.

구멍이 숭숭 뚫려 바람의 변화를 일으키지 않아 파리를 쉽게 잡을 수 있어요.

물체를 휘두를 때 공기의 변화를 재빨리 느끼고 달아나지롱~

도구를 이용해 파리를 잡기란 힘들어요.

97. 간단 표시, 포스트잇

1970년 미국 3M 회사의 연구원 스펜서 실버는 잘 붙고 끈적거리지도 않는 접착제를 만들었어요. 그렇지만 쉽게 떨어져 성공하지 못했어요.

1974년 같은 회사 사업부에 근무하는 아서 프라이는 성경책 책갈피로 종이를 사용하곤 했어요. 그런데 종잇조각이 쉽게 떨어져 나가 버려 페이지를 찾을 수가 없었어요.

프라이는 4년 전 실버가 만든 접착제를 떠올렸어요.

"붙였다가 곧바로 깨끗하게 떼어 낼 수 있는 접착제를 사용하면 좋겠는 걸?"

프라이는 실패한 접착제를 계속 연구해 드디어 1977년 포스트잇을 발명했어요.

서류에 간단히 붙였다 뗄 수도 있고 그날의 할 일을 메모해 책상에 붙일 수도 있는 포스트잇은 미국 전역에서 판매되기 시작했어요. 잘 떨어지는 접착제의 단점을 이용해 포스트잇을 발명한 거예요.

붙였다 떼어도 자국이 남지 않아요.

98. 언제 어디서나 인터넷

1976년, 스위스 '선'이라는 컴퓨터 회사의 직원인 팀 버너스 리는 웹을 만들어 인터넷의 시초를 닦아놓은 사람이에요.

당시 그는 찾아야 할 정보들을 컴퓨터를 통해 한 번에 쉽게 찾을 수 있는 방법을 연구했어요. 여기저기 흩어져 있는 정보들을 한 화면에 끌어올 수 있는 연구를 시작한 것이지요.

드디어 1989년 그는 동료들과 함께 정보를 저장하는 새로운 언어인 HTML을 만들었어요. 그러고는 '월드 와이드 웹'이라는 이름을 붙였어요. 하지만 이 웹은 몇몇 과학자들 사이에서만 사용이 되었어요.

1993년 미국의 마크 안드레센은 '모자이크'란 프로그램을 만들어 많은 사람들이 정보를 교환할 수 있게 했어요.

이후 인터넷은 놀라운 속도로 발전했어요. 전 세계에 있는 모든 컴퓨터 사용자들이 자유롭게 통신과 정보를 주고받을 수 있게 되었어요. 요즘엔 스마트폰을 이용해 언제 어디서나 손쉽게 인터넷을 이용할 수 있어요.

99. 꼼짝 마라! DNA 지문분석

알렉 제프리스 박사는 옥스퍼드 대학교 생화학 박사 학위와 암스테르담 대학교의 유전학 박사과정을 마쳤어요.

그는 여러 사람의 DNA를 X선 촬영을 해 연구하다가, DNA도 지문과 마찬가지로 사람마다 다르다는 것을 발견했어요.

DNA는 머리카락, 피부, 혈액 등에서 채취할 수 있어요. 범죄자들을 조사하는 기관에서는 이에 대한 연구를 환영했어요.

내 유전자도 분석하고 싶어.

나도

최초로 DNA를 이용한 판결은 부모가 영국 사람이라고 주장하는 소년의 말을 증명하는 사건이었어요. 영국의 이민국에서는 이 소년의 말을 믿지 않고 입국을 허락하지 않았어요.
　소년의 변호사는 즉시 소년의 DNA를 채취해, 부모라는 사람의 DNA와 대조해 보았어요.
　그 결과 소년의 말이 사실이었다는 것이 증명되었어요.

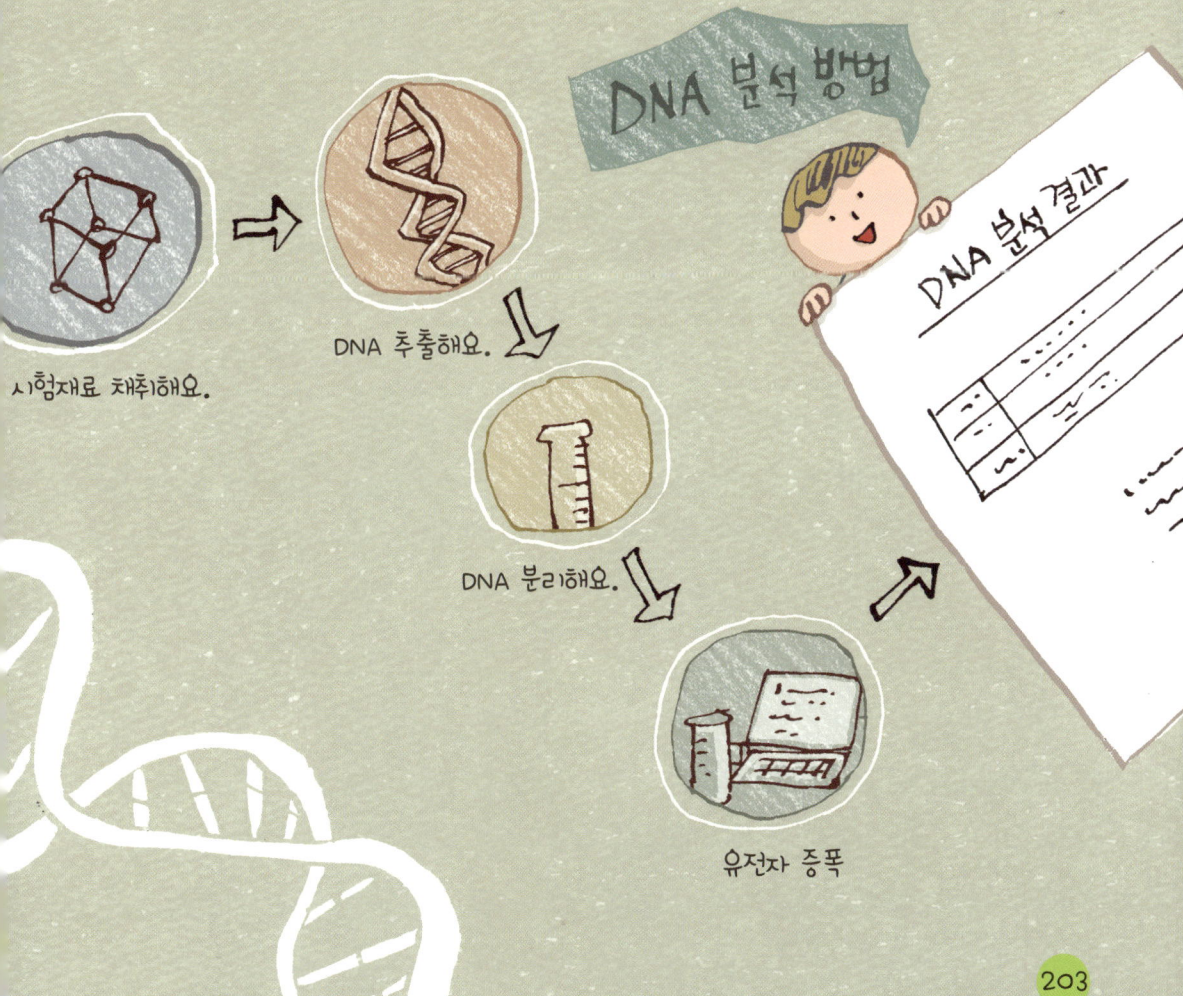

DNA 분석 방법

시험재료 채취해요.
DNA 추출해요.
DNA 분리해요.
유전자 증폭
DNA 분석 결과

100. 항상 청결하게, 화장지

　중국에서 가장 먼저 종이가 발명되었기 때문에, 세계에서 최초로 뒤를 본 뒤 종이로 닦은 사람도 중국 사람들이었어요.

　서구에서 사람들이 화장지를 사용하기까지는 천 년이 넘게 걸렸어요. 1857년 미국인인 조지프 코예티가 화장지를 상품화하여 시장에 첫선을 보였어요. 그러나 전혀 인기를 끌지 못했어요. 공중화장실에 가면 낡은 카탈로그, 신문, 광고지들이 잔뜩 쌓여 있어 용변을 보는 동안 지루하지 않게 그것들을 보고 나서 뒤를 닦았기 때문이에요.

　879년 영국인 월터 올콕이, 종이에 일렬로 구멍을 내어 절취선을 만든 두루마리 형태의 화장지를 선보였지만, 여전히 인기를 끌지 못했어요.

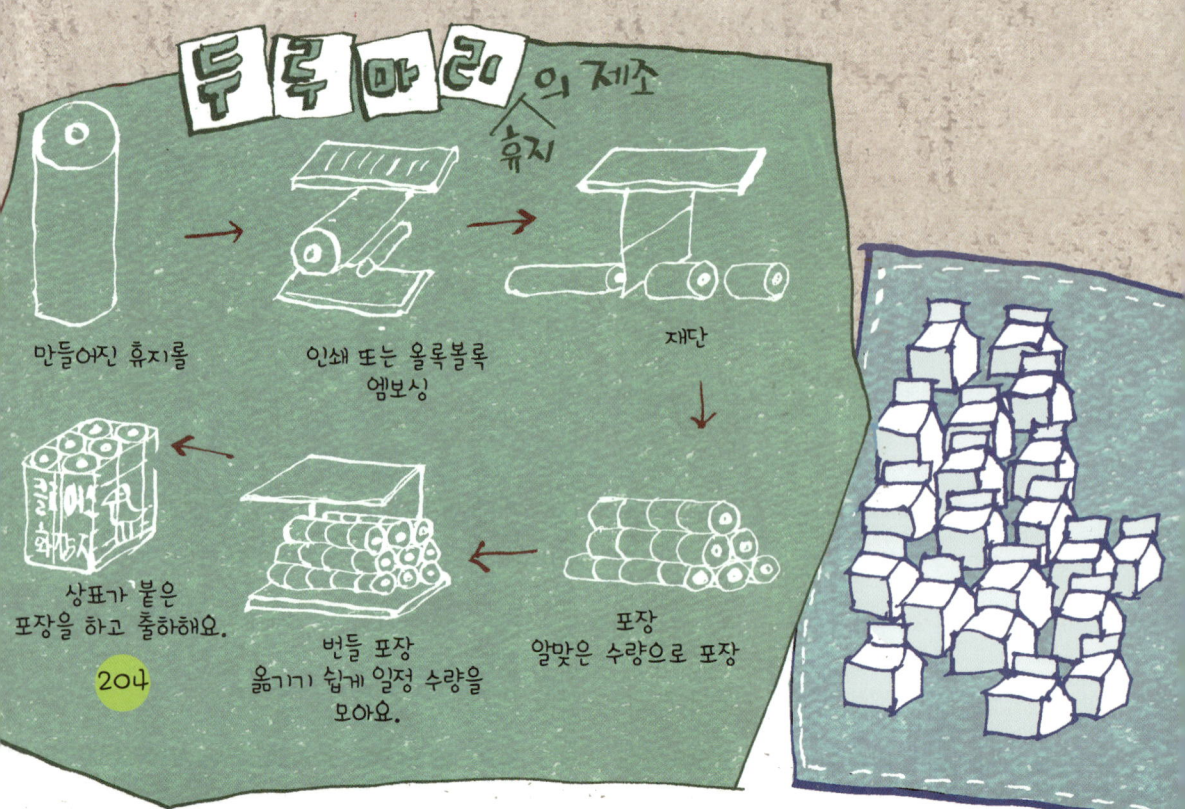

두루마리의 제조

휴지

만들어진 휴지롤 → 인쇄 또는 올록볼록 엠보싱 → 재단 → 포장 알맞은 수량으로 포장 → 번들 포장 옮기기 쉽게 일정 수량을 모아요. → 상표가 붙은 포장을 하고 출하해요.

하지만 산업이 발달하면서 화장실이 모습이 변하면서 화장지의 수요가 늘어나기 시작했어요.

스콧 형제에게 행운이 찾아왔어요. 그들은 작은 두루마리 형태의 화장지를 내놓았는데 이번엔 불티나게 팔려나갔어요. 1836년 당시에 수세식 화장실이 크게 늘어났기 때문이에요. 두루마리 화장지가 재사용이 불가능했으니 수요가 늘어날 수밖에요.

재미있는 화장지 이야기

고대 그리스 사람들은 납작한 돌이나 점토 조각으로 뒤를 처리했어요. 그러나 로마인들은 스펀지를 애용했어요. 조금 경제적으로 여유가 있으면 부드러운 헝겊 조각을 사용했지만 역시 대부분의 서민들은 짚이나 마른풀, 이끼 등을 화장실에 두고 썼어요. 그 옛날에도 종이는 있었지만 화장지로 쓸 만큼 흔하지 않았던 것이지요.

 이 책을 읽는 어린이들에게

　〈발명왕들의 기발한 발명 이야기〉는 우리의 삶을 바꾸어 온 다양한 발명품들이 누구에 의해 어떻게 만들어졌는지, 원리가 무엇인지를 알기 쉽게 설명해 주는 책이에요. 발명가들이 발명을 하게 된 계기는 다양해요. 어얼 딕슨은 요리를 하다 손을 자주 다치는 부인을 위해 밴드 반창고를 만들었고, 휴 무어는 형의 음료자판기에 넣으려고 종이컵을 발명했어요. 찰스 스틸웰은 상점에서 짐을 나르는 일을 하는 어머니를 위해 쇼핑백을, 엘리아스 하우는 바느질로 가정을 꾸려가느라 고생하는 아내를 위해 재봉틀을 만들었지요. 모두 가족을 사랑하는 마음 때문에 탄생된 발명품들이에요. 다른 사람이 실패한 발명품을 고쳐 요긴하게 쓸 수 있는 것을 만든 사람도 있어요. 아서 프라이는 잘 떼어져 버려 접착제로 마땅하지 못한 실버의 발명품의 단점을 이용해 쉽게 떨어지는 포스트잇을 발명했어요. 여성이 발명품에 뛰어들어 특허를 받고 사업적으로 성공한 사례도 있어요. 조세핀 코크레인은 식기세척기를, 마리 앤더슨은 와이퍼를 발명했어요. 잠수함과 레이더는 전쟁을 하는 중에 발명되었고, 성냥은 염화칼륨과 황화안티몬을 섞을 때 사용

하는 막대를 깨끗이 하려고 돌에 문지르는 순간 불꽃이 발견되어 만들어졌어요.

　작은 아이디어에서 시작된 발명이 완성품이 되어 우리가 편리하게 쓸 수 있게 된 데는 수많은 사람들의 끊임없는 노력이 있었다는 사실을 깨달을 수 있어요. 한 개인의 업적이 또다시 인류 공동의 문화와 입직이 되었다는 것이 우리 모두에게 큰 감동을 줘요. 아무 생각 없이 쉽게 써오던 발명품들이 이 책을 읽다 보면 매우 새롭고 신기하게 느껴져요.

　우리는 지금 인공지능(AI), 로봇기술, 생명과학이 주도하는 제4차 산업혁명 시대에 살고 있어요. 사람들은 4차 산업혁명이 우리의 생활을 더욱 편리하고 윤택하게 해 준다는 것을 알면서도 다른 한 편으로는 불러올 변화에 대해 염려해요.

　하지만 우리는 이 책을 통해 새로운 것은 갑자기 만들어진 것이 아니라 지속적으로 발전해온 것이라는 것을 배웠어요. 그러므로 우리가 과거의 업적을 공부한다는 것은 미래를 내다보는 지름길이 된다는 것을 깨달을 수 있어요. 부디 여러분들이 이 책을 꼼꼼하게 읽고 공부하여 지식과 지혜를 얻고 그 위에 여러분의 창의성을 올려 쌓기 바랍니다. 작가는 자신이 쓴 글을 여러분이 더욱 잘 이해할 수 있도록 발명품들의 작동 원리 및 다양한 정보들을 섬세하고 코믹하게 그림으로 그려 놓았어요. 글을 읽으면서 그림도 함께 보면 매우 쉽게 이해될 거예요. 부디 여러분 모두가 어렵게만 느껴졌던 발명을 놀이처럼 접하면서 창의적 사고도 함께 키워나가길 바랍니다.

아동문학가 **김숙분**